新興国の起業家と共に

日本を変革する！

カナリアコミュニケーションズ

発刊によせて

私が初めて来日したのは１９８７年9月ですので、すでに30年もの歳月が過ぎたことになります。短いようで長く、長いようで短い、なんとも抽象的な表現になりますが、日本での時間はそのような感覚です。その間、「日本一の会社をつくろう！」と懸命に仕事をしてきたつもりです。自分でできる限り、日本の経済、日中関係の改善に全力を尽くしてきました。現在も日本のヘアケアブランドとして広く知られている「モッズ・ヘア」グループの一関係者（元会長）としてアジア中に拡大していこうとして応援活動しているところでもあります。また日中間M＆A活動に全力投球したり、多忙な毎日を過ごしています。

これだけ長い期間、日本で生活し、仕事をする自分自身を振り返ると、偶然のキッカケから私の人生が大きく変わったことを改めて実感します。１９８０年代の中国はまさに開放改革の機運が最高潮に達していました。若者は外国のことを知りたい好奇心が抑えられません。外国への憧れも日増しに膨れ上がってきます。そんなとき、日本文化などを勉強していた私はチベットにおける日本の学術登山調査隊の方々をお世話する機会に恵まれました。当時、日中関係が雪解けを迎え、日本から多くの学者や研究者が訪中していました。その際に大学教授、ジャーナリスト、企業関係者もこの登山隊に参加していたのです。この登山隊の様子は日本のテレビ番組でも放映されています。当時、19歳だった私はこの登山隊に参加していたある大学教授に日本への留学を勧められたのです。

私の青春時代は蜜月な日中関係がシンボルでした。当時の私は日本でお金をたくさん稼ぎたいなどとはまったく思ってもいませんでした。ただ、日本で学び、それが祖国である中国の貢献になればと考えていただけでした。当初は2年の留学の予定が気づけば30年以上ですので、誘っていただいた大学教授も驚いています。同時に、あのとき登山隊のお世話をするという機会がなければ、今でも中国で仕事をしているかもしれませんし、どうなっていたかわかりません。

30年間、日本にお世話になり、数多くの日本人とお付き合いをしてきました。そこには偏見もなにもありません。おそらく今まで数万人の日本人と名刺を交換し、お会いしました。それら多くの方々から何かしらの影響も受けつつ、自分自身の日本に対する独創的な考え方を持つことができました。それは私が外側から日本を見ることができ、より日本の良さを理解できるからです。同時に日本の課題や弱点もよくわかります。それを理解した上で、これから日本をどうしたいのかを多くの人々にお伝えしています。私はよく「大風呂敷」と呼ばれます。いつも大きなことばかり吹聴しているからです。でも、それらをすべて実現することは難しいです。それができれば苦労はありません。それでも大風呂敷を広げて日本のこと、そして外国人経営者のことをここで語りたいと思います。

そもそも私は「外国人」という言葉自体に首を傾げたくなります。だってそうでしょう？　私たちは地球に住んでいるのであって、突き詰めていえば、国境など関係ないのです。それは誰かがつくったものに過ぎない。その視点で考えれば、外国人も高齢者も男女も関係ない。そこに住む人たちが楽しく人間らしく生活できることが最も大切なことであり、焦点を当てるべきは『人間』です。日本という国はすばらしい特性をいくつも持っている国です。世界中に誇れる価値を持った国です。ただし、最近の日本はどうもそのことを忘れてしまっているのではないかという事象に出くわすことが多いです。日本人の話もどこかサイズが小さくなったようにも思えます（だから、私が「大風呂敷」と言われるのかもしれませんが……）。そして、物質主義に陥り、物事を表層的にしか捉えられなくなっている面も気になるところです。マスコミは読者の歓心を買う記事ばかりを書き連ねています。かつての日本とは様相が異なりつつあります。

日本という国の価値とはなんでしょうか？　それは人間らしさの追及にあるのではないかと思っています。日本は世界に誇るモノづくりの技術を持った国です。今でも日本人の多くはそのことを誇りに思っているはずです。しかし、このモノづくりも神話の世界のように永久にその力を誇示できるわけではありません。２年に１度開催されるモノづくりのオリンピックである技能五輪で日本はトップ常連国でした。しかし、近年ではそのトップの座も韓国らに奪われ、トップ3にも入れない有様です。だから日本はダメなのか？　終わったのか？　そうではないのです。日本には脈々と続くモノづくりの歴史があります。これは他の国にはないものです。では、人間を見るとどうなのか？　日本は年間で数万人の自殺者を生み出しています。海外から見たら不思議であり、異常な国です。自分も30年間、いろいろなことがありました。もちろん、死にたいことだって1度や2度ではありません。それでも、何とか這い上がってきました。日本で皆が楽しく、人間らしく生きるためにはどうすればよいのでしょうか。それを実現していくことこそ、真の日本の価値をつくりだすものだと考えています。

日本が好きで集まった人たちすべてを新日本人と呼ぶとします。外国人だけではありません。日本人でも発展途上国、新興国などで活躍してきた人たちが改めて日本に戻りリーダーシップをとることも大切です。外から日本を見る視点こそが重要だと考えています。そして、このような人たちを広く受け入れる土壌を日本は持つべきです。

しかし、日本という国はなかなかそうはいきません。例えば、西と東で分けて見たり、右と左と区別したがります。改革を起こそうとすれば既得権益《きとくけんえき》のすさまじい抵抗にあいます。何も戦いを仕掛けているわけではないのですが、受け止める側は必死に権利を守ろうとするのです。ただ、それも仕方ない面があります。そのような環境で育ってくれば、そのような考え方と行動になるからです。

偏見を持たず開放的な環境をつくることこそが、これからのジャパンスタイルではないでしょうか。既得権益と戦うわけではありません。認めるところは認めて、開かれた環境をつくっていかなくてはニューリーダーは生まれてきません。反日や右や左も関係ありません。人間なのですから、いかに楽しく、人間らしく生きるためにシンプルに考えるべきだと思っています。そして米国だから中国だからという比較も必要ありません。日本は日本であり、オリジナリティを追求していくことが必要だと思っています。このような新文明を生み出すためにも新日本人が活躍できる土壌をいまのうちから育てておかないと手遅れになります。

本書にも多くの外国人経営者が登場しています。冒頭で述べたように、私は外国人という括りをあまり使いません。日本が好きで集まった新日本人たちです。だからこそ、日本を豊かにする、人間らしく生きる国にする義務があります。日本の価値をつくりだすための努力をお互いにしていかなくてはならない。だからこそ、日本の好きなところや良くないところをしっかり指摘すべきです。外国人だからといって遠慮するのであれば日本で生活し、仕事をする資格はありません。言うべきことは言うべきです。そして、もっとも重要なことは立派な人間を目指すという万国共通の当たり前のことを再度見つめなおすことです。中国人でもベトナム人でもミャンマー人でも関係ありません。皆、日本に住む『人間』です。そのことを忘れずに生活と仕事に精一杯取り組んでもらいたいと思います。

私自身はこの30年間、懸命に生きてきました。会社を大きくしたい、あんな会社のようになりたいと思って仕事もしてきましたが、それは自分自身の能力や運ですべて実現できているわけではありません。しかし、30年間で多くの方々からいろいろなことを教わりました。日本にやってきた新日本人の皆さんには私がやってきたことを見て、さらなる成功をつかみとって欲しいと思っています。

今は50歳を過ぎて改めて日本の良さがわかります。すでに述べているように外から見ているからこそ日本の価値を理解できていると思っています。人間は教育が必要です。その教育は高度な文明を生み出します。日本はその高度な文明を他国に誇れるのではないでしょうか。そして、私自身はその日本に少しでも貢献できたならば、家族や親族にも胸をはって自らの人生を後世に伝えることができるでしょう。そのときまで、今まで以上に言うべきことを言い、指摘することを指摘し、世界に誇れる日本の発展に貢献したいと思います。

剣豪集団株式会社 取締役会長　鄭 剣豪

目次

◆ 第一部 ◆

新興国の起業家たちに何を学ぶか

新興国の起業家の講演には目から鱗がおちた

２０１７年12月、新興国の起業家を数人招いた「～新興国の起業家が生まれ、羽ばたく日本へ～」とサブタイトルを題したハッピーキャリアシンポジウムを東京で開催した。会場は多くの方々にお集まりいただき大盛況。しかし、私自身、何に一番衝撃を受けたかといえば、新興国から日本にやってきて起業した彼ら・彼女らの体験である。話を聞きながら、目から鱗がおちた。

そのときの聴講者への事前案内文を少々長いが紹介したい。

急激な人口減少の日本、すでに多くの外国人が日本で働き、日本の経済を底辺から支えています。
今後も、日本で働く外国人や留学生は増加の一途でしょう。

国内でも彼らと一緒に学び働く機会も多くなります。
そんな急激な変化の中、
起業を選択する若者外国人も少なくありません。
長い間、日本は起業家の少なさが問題視されていますが、
外国人の起業家に期待する時代が
到来したとも言えるでしょう。
日本の変革は彼らがリードしていくことに
なるかもしれません。
日本での経験を活かし、起業家として
日本や成長著しい自国で大活躍できる機会も沢山あります。
彼らの熱き想い、行動力を身近で感じて
新しい時代の幕開けを実感しましょう。

私は１９９３年の暮れに起業した。ほどなくして第三次ベンチャーブームが到来

し、世間から私もベンチャー起業家と呼ばれることも多かった。あれからすでに四半世紀が経ち、この間に多くの起業家と出会ってきた。仕事柄、中小企業の創業者との付き合いも多い。自分で言うのもなんだが、長い交友関係のある仲間の起業家と比べても、あらためて振り返ると私も平均的な苦労はしてきたんだと思うこともある。一心不乱に走っていた若い時は、それが苦労と気づかなかったのだろう。若い頃はガムシャラに突き進むことで降りかかるさまざまな問題を解決していた。

経営者である一方、創業時から起業家支援も積極的に行ってきた。20年以上たった今でも試行錯誤しながら続けている。今も創業経営者として奮闘する毎日だ。常に「起業とは？　経営とは？」と自問自答する日々である。そんな私の現在の関心は新興国の起業家に向けられている。

ご存知のとおり、日本は外国に比べて起業家が生まれにくい国である。これは統計データを見ても明らかである（図1参照）。私も仕事がら米国や近隣諸国の起業家の事情もある程度は把握しているし、このギャップを何とか変えようと微力ながら活動してきた一人でもある。日本の起業家が少ない原因のひとつとして国民性を

図1

開業率の国際比較

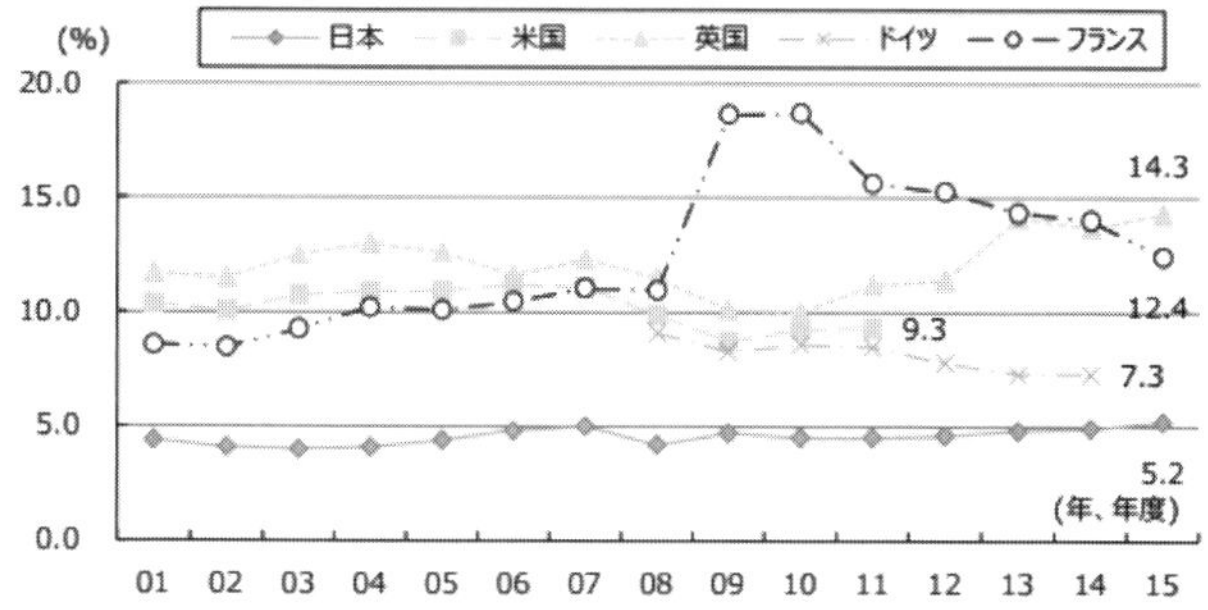

引用：経済産業省　2017年版中小企業白書

挙げるケースが多い。また、起業家が避けては通れない資金調達の際の制度的な問題もしばしば指摘されている。そして、失敗すると再起が困難であることも起業家を増やす上ではマイナス要因にしかならないだろう。実際、失敗に対する恐怖感は起業した身として痛いほど感じてきた。私くらいの年齢になると良い意味で開き直ることもできる。挑戦を楽しむ余裕もでてくる。しかし、一般的な日本人にとって日本で起業することは大変勇気を必要とするのは疑いのない事実なのである。たしかに、少しは変化の兆しはある。米国にならってようやく直接金融のしくみを活用できる機会も増えてきた。しかし、いまだに借金のせいで失敗から立ち上がれない経営者仲間もいる。

このような背景を見ても、やはり今でも日本は起業家が生まれにくいし、起業家にはハードルが高い国である。日本のこの現状を少しでも改善したいと思い、起業家支援の活動に参加し、機会があるたびに自身の意見やメッセージを発信してきた。そんな私が昨年末、新興国の起業家たちの熱いスピーチに衝撃を受けたのである。

起業家に必要なのは『ハングリー精神』

ベトナム、台湾、ミャンマーと彼らは出身国に関係なく起業家としての熱意と個性に溢れていて人を惹きつける力があった。聴講者も私と同じように刺激を受け、感動し、共感した方も多かったようだ。彼らから強く生きる力を感じた。最近流行のレジリエンスも感じることができた。

ある種、私に衝撃を与えたのは彼らが起業に至るまでの日本における厳しい現実と環境である。彼らは技能実習生や留学生として日本にやってきた。起業のハードルが高い国で、彼らがいつか起業する大志を抱き、日本での生活になじむための努力、起業の準備をする間のさまざまなエピソードを交えながら、ときにはユーモアたっぷりに話をする。私たちにはとうてい想像できない苦労の連続であったはずだ。彼らの試行錯誤と挑戦の日々は、私たちが一生経験することができないほど障壁だらけだったはずだ。彼ら・彼女らの話を聞きながら今更ながら気づかされた。新興国からやってきて、日本で起業することの難しさとこの環境で挑戦する彼らのハングリーさがヒシヒシと伝わってきた。

私はその場にいて、創業時のことが走馬灯のように頭を駆けめぐった。「私の苦労などたかが知れている」と改めて思った。しかも、彼ら・彼女らは今のように近隣のアジア人が大挙して日本に来る時代でない時代に起業を決意した。日本で事業を始めようと考えること自体、勇気が必要だし、陳腐な表現だが「凄いこと」である。

私は起業家に最も必要なものはハングリー精神だと思っている。そういう意味では、新興国の彼らは日本に来ることだけでもその素養を持ち得ているといえる。まして必ずしも彼らにとって居心地が良いとは言い難い日本で、働き、学び、生活し、そのハングリー精神はさらに磨かれることになるのだと改めて実感した。

日本だけではないが、世界は大きな転換期、変革期に突入している。その中で日本は常に後手に回り、取り残されている感がある。仕事柄、海外でビジネスをしているといえど、グローバル化に乗り遅れていると痛感するのである。私のいうグローバル化とは、先進国ではなく新興国や発展途上国に目を向けることでもある。今や日本においてもビジネスの世界では、イノベーションの実現を誰もが期待している。当然、起業家に期待するところは大きい。

ところで、日本人起業家に期待し続けて早何年になるだろう。しかし、日本人が日本という環境にとどまる限り、その実現は難しいと考えるようになった。この先、日本の生活環境が突然劇的に変化する可能性は小さい。残念ながら日本でイノベーションを創出する起業家が生まれることには悲観的にならざるを得ないのが現実だ。

私が常日頃、抱いていた日本と日本人起業家への考え方は、この日の講演を聴講して確信に変わった。新興国の起業家を起爆剤にして、日本に変革を起こすのが日本の最適な選択肢ではないだろうか。そんな新興国の起業家たちの刺激を受けて再び革新的なビジネス活動が蘇るのではと期待したい。

そんな日本への想いと、せっかく日本に来てくれた新興国の人々が日本や帰国後にハッピーに生活してもらいたいという心情が重なりあい、私は、彼ら・彼女らが日本で活躍できる社会としくみの創造をビジネスとしてつくりあげようと決意するとともに、本書の発刊に至った。

外国人が大挙して押し寄せる日本

私の新興国の人々とのかかわりは約30年前の神戸の小さな技術者人材の派遣会社からスタートした。当時ＩＴエンジニアだった私は、日本にいながら、中国人２人とマレーシア人３人が部下についた。日本人の部下はひとりもいないという奇妙な光景だ。部下は外国人のみで、それは当時の私にとっても衝撃的な体験であった。

今思い返すと、当時は日本の人口が減るとはほとんどの人が思っていなかっただろう。誰しもが右肩上がりの経済成長しか考えていなかった時代だ。もっともその頃の私は恥ずかしながら経済成長云々にすら関心がなかったが、発展途上であった中国の人々が日本に来るには相当な勇気と覚悟が必要であっただろう。「先進国に行きたい、稼ぎたい」と強く願う人は彼らの母国にはたくさんいるのだろうな・・と漠然と感じていた。

それが今ではあらゆる光景が一変した。日本が大量の労働力を近隣の国々に依存するようになろうとは・・・。シンクタンクなどでは未来の予想はできていたのかもしれないが、現状をみるにつけ国家レベルのことですら、高齢化と人口減という事態がいよいよ差し迫って深刻になるまで、皆が「ゆでガエル」状態だった。人間の性といえばそれまでだが、たった四半世紀先に現実のものとなる危機への対策がとれないのだから、人間はこれから先も似たようなことを繰り返すのかもしれない。

今、街のコンビニでも居酒屋でも中国人、ベトナム人、ミャンマー人、ネパール人など、数多くの外国人の方たちが働いている。いまや、彼らがいなかったら日本の生活や産業はもはや成り立たないのは歴然である。実はこのことは日本にとって深刻な問題なのだ。この先、外国人たちに見捨てられることがあれば、日本の未来はない。この事実を日本人たちは正しく理解しているのだろうか？

最近ようやく、メディアでも外国人労働者にまつわる記事を発信しはじめた。政府もようやく気づき始めたのだろう。日本はこの外国人労働者問題の現実から一刻も早く学ばないといけないのは間違いない。今の子供たちもほとんどが、誰がどこで働いてくれているかさえ教えられていない。未来を担う子供たちのためにも、日本という国の劇的な変化と現実を知っておく必要がある。

20年ほど前を振り返ると、日本国内にこれほどの外国人が住むことになろうとはすでに想像を絶する世界である。一方、アジア各国は急速な発展の途上にある。どの国も若者の活気にあふれている。それでありながら、現時点では経済レベル、生活レベルでは日本が格段に上である。生活水準のギャップはまだまだ大きい。確かに、日本人として日本とこれらの国を比べて見ると、経済の発展、ビジネスや生活の改善の余地は山のようある。実はそれが私たち日本人のアジアの新興国で感じるワクワク感の源泉にもなっている。

労働人口が激減する中、日本へ出稼ぎに来る外国人は今後も増え続けるだろう。とりわけ、ここ2~3年はベトナム人の数が急増している。2018年には、技能実習生、留学生の数はともに、中国を追い越し1位になりそうな勢いである。

この大きな変化の背景にはいったい何があるのか? ベトナムについては約20年近い現地でのビジネス経験があるため、今の実態だけでなく変遷と変化がよくわかる。少し前まで、ベトナム人は日本のことなどあまり知らなかったし、彼らにとっての身近な先進国は台湾や韓国であった。それが最近は両国の経済・文化交流も盛んに行われるようになった。私たちもベトナムの各都市で文化と経済の交流活動で一翼を担ってきた。このような背景のもと両国の友好ムードが年々高まっている。あわせてアセアン各国に対する日本の関心は高まるばかりである。ある意味、ミャンマーなど他のアセアン新興国の動向はベトナムを知ることによってある程度は推論できる。ベトナムが重要視される理由はここにもある。

信用ビジネスが日本の武器になる

私は1年の大半、アジア諸国で活動している。台湾などの親日国でなくてもほぼどこに行っても、日本人は歓迎される。ことビジネスの話になると、日本人と組みたいというアジアの経営者はとても多い。しかも、こういう生の声は日々増えていると実感する。

特に私たちが活動するベトナムではその傾向がことさら強い。友人のベトナム人経営者に会うたび、「なぜ日本が良いのか？　どうして組みたいのか？　何がしてほしいのか？」など具体的に説明してくれる。日本人への期待感をいつも痛感するが、期待に応えきれていない日本が嘆かわしくもあるし、責任も感じている。

10年以上前、ベトナム人の友人に「日本人は〈信用ビジネス〉にフォーカスしてはどうか？」とヒントをもらった。私のベトナムでの経営者向けの講演を聞いていてそう確信したという。それ以来、私たちも「信用ビジネス」を軸にベトナムと日本、アセアンと日本、さらにはアフリカと日本のビジネス連携をひとつずつ実現している。日本は信用されているからこそ、日本企業、日本人が新興国で活躍する機会は増大しつづけている。しかし、その反面、日本は彼らの期待ほどは現地で活躍できていないし、これからも期待通りに実行するのは無理だと思う。ベトナムでいえば、世界各国から企業が参入している。すでに世界の激戦区でもある。今の日本の動きでは乗り遅れてしまうのは致し方ない。

こうした日本の閉塞感の打破も、新興国の起業家が担うことができると考えている。そのため新興国の起業家とのアライアンスを数多く実現したい。もちろん大企業はイノベーションを喉から手が出るほど欲しているが、なかなか思うように実現できていない。中小企業はもっと苦しんでいるが、私たちは常に中小企業の最強の味方であり、応援団であり続けたいと思っている。中小企業こそアジア人を活用して、新興国でのビジネスチャンスをつかんでほしい。できれば中小企業にはさらに先を行ってほしい。

商売の原点は新興国にあり

ここで日本の起業家の現状と弱点に少し触れておきたい。私はここ20年の日本の起業家の考えるビジネスモデルはどうも窮屈だし偏っていると感じている（もちろん、日本における最重要課題といわれる農業ビジネスへの参入、あるいは社会問題の改善に果敢にチャレンジする起業家も少なからずいるが、まだまだ少数派である）。

その顕著な例がＩＣＴ分野、ＩＣＴビジネスである。この傾向は20年前から変わらないが、いまでも何でもかんでもＩＣＴとつけば凄いビジネスと錯覚しがちである。最近はさらにＡＩというキーワードまで登場し、その傾向に拍車がかかっている。「これらのビジネスの実態はどこにあるのか・・？」といまさらながら言いたくなる。

起業は苦しみもあるが本来は痛快で楽しいものだ。商売の原点は三方よしとよくいわれるが、そこに楽しさやワクワク感が必要だ。恵まれすぎて便利すぎる社会で生活していると商売の本当の原点を忘れてしまう。顕著な例が運送業の問題である。

ＩＣＴビジネスの代表選手であるＥＣは売上を伸ばすことばかりに目が行き、何かを見失っていた。それは実際に商品を誰が運ぶのか・・・という当たり前のことに日本の社会が気づいたのはつい最近のことである。荷物が空を飛ぶことはあり得ない。人間が運ぶのである。それにも関わらずＥＣが成長し続けると信じてやまない経営者は実に多い。ほかにもこういう類の社会問題は日本にはいくつも存在する。これからの課題解決はＩＣＴ社会だからこそ、アナログの世界に焦点をあてるのが最重要であると言っても過言ではない。

今の日本の生活体験が新興国で戦うには日本の起業家の弱点になっているともいえる。成熟した社会、満たされた社会、こんな便利な社会だが失っていることも実に多い。例えば今の新興国では、食事していたらハエが飛んでくることは当たり前にある。今の日本では考えられないだろう。こういうギャップ感の中にビジネスを察知する機会がある。

日本や先進国の起業では昔から起業家の評価ポイントで新規性、市場性などと言われてきた。私も創業時はよく起業支援の専門家から言われたが、どうもこういう考え方に違和感を持っていた。人口が増えなくなり成熟する社会のビジネスは新しかったらよいというものでもない。これからは何でもかんでも新しいものではなく、昔の良さに戻すことも重要だ。顧客の絶対数が増えないとなると、どうしても顧客の囲い込み、奪い合いばかりに目が行き、商売が窮屈になる。残念ながらＩＣＴは巧みに顧客をカモにするしくみであるともいえるだろう。

先進国入りしつつある中国や新興国、発展途上国には、不便であったり不満であったり満たされていない生活環境が当たり前に存在する。そんな不便であり、満たされない環境は起業家精神を持った人のハートに火を付けるだろう。ちょっとしたサービス、少しでも改善した商品、少しの便利さが顧客に喜ばれる。それは日本の戦後からの復興の時期と似通っていたりする。商売の原点がそこにあるのだ。

どの国の起業家にとっても顧客がシンプルに喜び、人口の増大や消費力の向上によりマーケットが拡大する場所でのビジネスが面白いと感じるし、ワクワク感がとまらないだろう。私の記憶するところでは、日本は40年前すでに田舎でも生活はある程度豊かだった。そして20年前には今のビジネスのモデルはほとんどできあがっている。ＩＣＴで世の中やサービスが変わっているのは事実だが、20年前からすでに十分すぎるほど日本の生活はとても豊かだった。できあがった国の仕事をいくら覚えても、そのまま新興国に適応できることは少ない。しかしいまだに日本の経営者は先進国の今の日本の経営そのままを新興国に持ち込もうとする。これがミスマッチをひきおこす最大の原因でもある。

シニアの知恵と経験は新興国でこそ生きる

少し話は変わるが、新興国の起業家とシニアはぜひ連携するべきだと考えている。シニアになると大抵の人は、社会貢献意識や人のためという想いが強くなる。これは人間が共通に持つ特性でもある。そして、高齢化社会の進展の中でシニア起業家は必然的に増えていく。特にシニア起業家は「ロマンとソロバン」の両立を志向する方が多い。当然、シニア起業家はたいてい地に足がついている。今は流行りの短時間でビジネスを一気にスケールする、いわゆる米国流のスタートアップというパターンではない。起業の価値や目的は、スケールやスピードだけではない。

　これからの日本に必要なのは、成熟社会や高齢社会の中、いかに人間らしい生活を送るか、住みやすく楽しい街や社会を創造するかである。特に日本の最大の課題である人口減少から起こる地域の再生や地方の活性化などはシニアが活躍する場といえよう。私たちも10年ほど前から、地方の活性化のために新興国と日本の地方をつなぐことに力を注いできた。これからは、この分野でもシニア起業家、新興国の起業家ともさらに連携を深めていきたいと考えている。

　そこで、私たちが以前から進めているシニアの知恵と経験の活用・連携モデルが有効となる。日本の昔を知っている日本のシニア、そして日本の昔と似た生活をしている新興国の人たち、日本の今の生活を窮屈に感じている日本の若者たち。このような人たちが連携すれば、新しいイノベーションの創出につながるのは間違いないと考えている。

新興国のベンチャービジネスの特徴

次に新興国での起業家の実態に焦点を当てたいと思う。新興国は起業家がどんどん生まれている。新興国でビジネスをしているとそのような出会いは枚挙にいとまがない。先日もベトナムでは国の主導で２０２０年までに１００万人の起業家を輩出するとのニュースが流れていた。ベトナムの企業集が数十万規模であると考えると途方もないような数字に思えるが、若者の数とベトナムの成長エネルギーからすると、あながち非現実的な数字ではない。それこそ、日本のような寄らば大樹の…的な大企業志向ではなく、米国などのように就職よりも起業することを優先する国に近い感覚をベトナムにも感じる。日本人には意外だがベトナムはかなりの親米の国であり影響も少なからずあると思う。

ベトナムだけとは限らないが、無限に成長余地があると思える国での起業家は強いし、結局、新興国のビジネスはその国の起業家が創り出すのが自然だと心底思う。実際、ベトナムでもドイモイ政策後のたったこの最近の15年で大成功したたたき上

図2
アジアと日本のベンチャーの違い

	アジア	日本
市場	拡大	縮小
顧客	優しい	厳しい
ビジネスレベル	低い	高い
競争	激	激
経営環境	未整備	充足
人材	未熟	レベルは高いが意欲低い
ベンチャーへのサポート環境	なし	過多
必要資金	小	大
ビジネスチャンス	大	小

げの経営者がすでに相当存在するのである。

図2を見ていただきたい。日本とアジアの新興国での起業の環境を比較した図である。日本の今の志向は、ローリスク、それなりのリターン。新興国はハイリスクハイリターン。つまり、新興国は日本の高度経済成長期の入り口の時期なのである。

日本の起業は難しいとすでに述べたが、新興国と比べると手厚すぎる環境という見方もできる。それは官民躍起になって起業家を育てる、支援するという構図である。考えてみたら、戦後の復興期にそんな制度はなかった。勝手に起業家が雨後のタケノコのように誕生したのである。今の新興国はそれに近い。根本的にハングリー精神やレジリエンスを失った人を起業家に祭り上げても結果は見えている。資金以外の必要以上の起業家の支援は多産多死に直結しやすいのである。それが日本の現状である。

本物の起業家はほおっていても何とかするものである。起業家が少ないのに応援する人ばかり多くいても仕方がないのだ。

イノベーションのジレンマの克服

今、世界の大企業はイノベーションのジレンマに悩まされていると言っても過言ではない。世の中が急速に変化している経営環境下では、次の一手のために変革することは自分の今の商売を壊滅させる可能性が常にある。いわゆるカニバリゼーションである。例えば、有名な事例でいえばコダックと富士フィルムの比較がある。コダックはいわゆる消滅した。一方富士フィルムは変身した。対比させると分かりやすい。詳しくは、「イノベーションのジレンマ」(翔泳社刊)にわかりやすくまとまっている。

また多くの日本企業ではイノベーションを求めてCVC(corporate venture capital)が流行っている。CVCが成功するためにも多くの起業家が輩出されないといけない。従来のR&D(Research & Development)だけでは不十分で、その補完や代替としてCVCの役割に期待する企業は増えている。イノベーションを起業家が生み出す構図は洋の東西問わず、いつの時代も変わらないのだろうと思う。当社も新興国の起業家を支援するビジネスを計画中である。

新興国でイノベーションは生まれる

イノベーションの大半は新興国で生まれると思う。ベトナムでもミャンマーでもインドでもアフリカでもそう思う。「不便だから、生活環境が悪いから、サービスが悪いから…」。そもそも、本来はこういった社会の問題を解決したり、改善する

図3
これから始まるビジネスの潮流

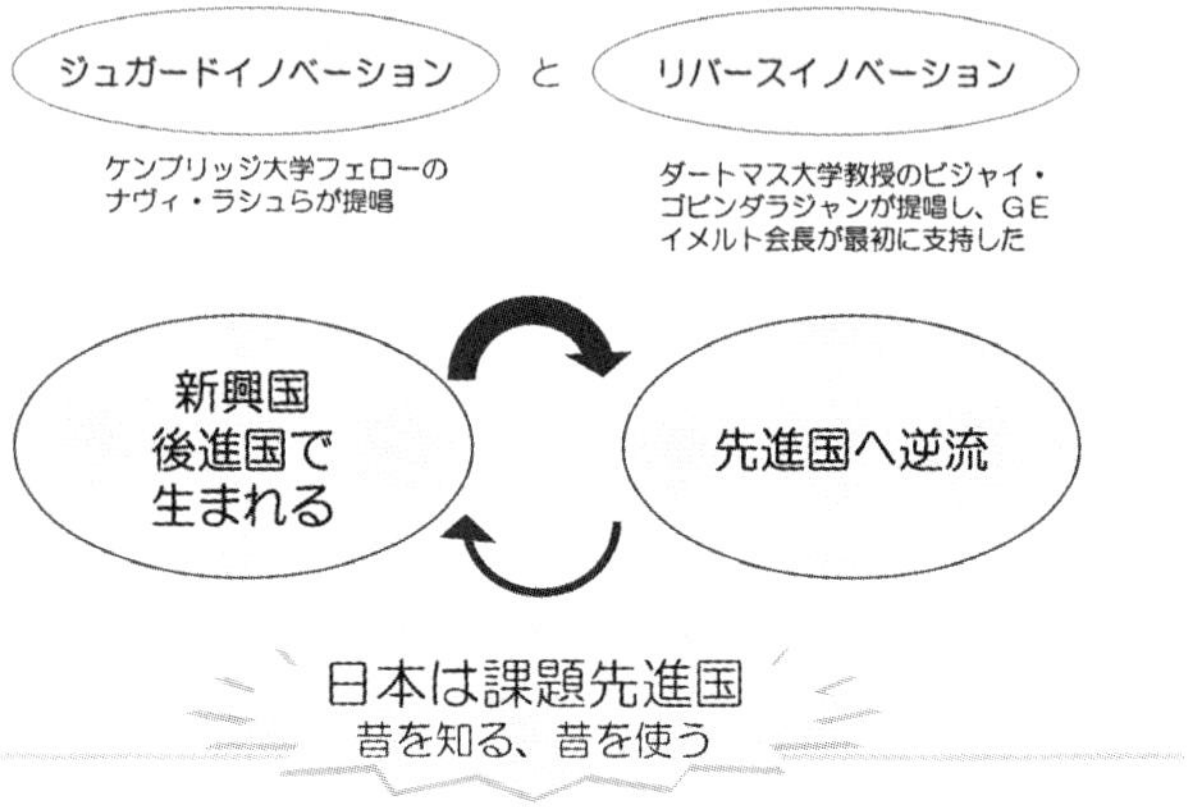

ために経済活動、企業活動があるといっても過言ではない。それが新興国のビジネスである。

また、今は数十年前の地球環境とは異なる。先進国が自国の発展だけを優先し、環境破壊を起こし、資源を枯渇させてきた時代は過去のものだ。今や、地球と共生することを考えるのが当たり前の時代である。必然的に社会的価値と経済的価値の両立が経営の本質である考え方が主流になりつつある。企業の長期的な成長のための環境（Environment）、社会（Social）、ガバナンス（Governance）を重視したＥＳＧ経営が今のトレンドだろうし、国連の定めるＳＤＧｓ（Sustainable Development Goals）が道標でもある。

実際、十数年前、私もベトナムである長老から世界で一番重要な産業は農業であると教わった。私はそれまで、農業は農家に生まれた自身の子供の頃の体験の範囲でしか捉えられていなかった。新興国、発展途上国の人の方が地球の現状をつぶさに見ているし、社会全体を考えているのである。ならば、かつて農業大国であり今農業で深刻な問題を抱える日本が貢献できることも多い。

日本の強みを活かして地球と共生する

地球の健全化、社会の健全化のためにはＷｉｎ－Ｗｉｎのスタンスはとても重要である。これからは人類が地球で共生するために日本人に何ができるかを模索する時代である。特に新興国や発展途上国で何ができるかという視点は、日本においては中国や韓国、欧米諸国とは違う役割がある。

その手掛かりは2つの課題先進国であることを認識することで見えてくる。課題先進国であった日本とこれからも課題先進国である日本。前者は、かつての公害や農薬の問題などを改善し克服してきた日本、後者は、高齢化社会を克服していくだろうこれからの日本である。

もうひとつの重要なことは人材育成である。人材育成と言っても日本が一方的に教えることではない。特に新興国の起業家や起業家精神を持った彼らに学ぶことは多い。強くタフに生きる力であり日本がかつて持っていた力でもある。日本人が新興国の人と接することによって、今のシニアは昔を思い出し、今の若者は、昔の日本を知ることができる。老若男女多国籍の共存がこれからの組織のあり方である。だからこそ、新興国の起業家は魅力的なのである。私たちもその実践者として、ペースメーカーとしてこの先も進んでいきたい。

新興国の起業家が強い理由

新興国の起業家が日本人起業家よりもハングリーであることはすでに述べてきた。彼らは、平均的に日本で数年間働き、学びながら日本のビジネス環境に触れる。そして、日本の仕事スタイルを身につけてきた。あるいは、日本という豊かな国の人達の生活感や生活様式を体で覚えてきた。なぜ日本の街は美しくてきれいで快適なのかを肌で感じて思考してきた。そして、それがどういう仕組みになっているのか、どういう教育が行われているのか、ということまで関心を持つ。

新興国の起業家の中には、日本国内での起業を志向する人もいるが、私の知る限りは大半が自国でのビジネスチャンスに目を光らせている。サービス業などは最たるもので、日本のような先進国で洗練されたサービスを学んでいけば、自国に戻った際に大きな武器になる。

しかも、自国の生活水準、物価水準でビジネスモデルを考察する力は、日本人が太刀打ちできるわけがない。今の日本の経営者が気づかないビジネスチャンスの察知能力がずば抜けている。日本人はすぐに目の前の利益の多寡を議論したがる。現代の大企業が典型的だ。相手の立場に立てば見えてくることも多いのに、ほとんどの人が相手国の生活目線では考えられない。

そして、世はＩＣＴ活用全盛時代だ。今、新興国であろうとビジネスを始める起業家がＩＣＴを使わないことはあり得ない。少なくとも誰でもスマホで世界中とコミュニケーションし、情報収集ができる。アライアンスパートナーもＳＮＳで発見できる可能性も大である。早晩、言葉の壁もＩＣＴがとっぱらうだろう。こうなると、課題は多いが成長余力のあるマーケットを生まれた時から体で知っている新興国の起業家が圧倒的に有利である。

新興国の起業家にエールを送りたい

拙著「アジア人材活用のススメ」（カナリアコミュニケーションズ刊）を上梓したのが２０１３年である。今から5年前である。そこではアジア人材活用の先駆者である知り合いの日本人社長などにも登場していただいた。この本は経営者として２つのことを実現するためにまとめた。

ひとつは、日本企業がアジアに進出をして成功するためにはアジア人材の活用が不可欠であり、その活用について自らの体験を伝えるため。もうひとつは、せっかく技能実習生や留学生として日本に来てもらっているアジアの人たちに日本を好きになってもらい、帰国しても日本のファンでいてほしいと思ったからである。そのために、日本人が日本に来てくれているアジアの人たちの生活の実態や仕事環境の現実を知り、何かひとつでも彼らの役に立つことを願ってまとめた一冊である。

あれからたった5年で、これほど多くのアジア人、とりわけベトナム人が日本に来るようになるとは想像すらできなかった。これが率直な感想である。今、日本の街中、大都会でも地方でも外国人に働いてもらっている。留学生のアルバイトも多いが、根底にあるのは、1993年から導入された技能実習制度である。しかし、この制度はすべてが適正に運用されているとは言い難い。実態は理想と乖離した負の部分も多い。不当労働の類の事件も多い。最近では国連でも人権問題としてやり玉にあげられ、国会でも討論されている。メディアの中には奴隷労働などという言葉を使い、批判的な内容も目につく。

私もこの日本で働く人たちの問題を常に真剣に考えている。本当に彼らは日本に来て楽しいのだろうか？　日本に来てよかったと思っているのだろうか？　日本のことを好きになり帰国していくのだろうか？　残念ながら今の現実は日本にとっては悲しいことが多い。

本書の意図ではないので詳細は割愛するが、日本が労働力の搾取と批判されても仕方がない事実はたくさんある。すでに製造業や一次産業などの産業基盤の根底にかかわっているこの状態を改善するのはそう簡単にはいかない。

だからこそ、新興国の起業家に対してオープンでエールを送る日本になりたいと強く想う。起業家はそもそもどこの国でも少数派である。しかし、彼らは誰よりも、もしかしたら日本人よりも日本のことが好きで日本に学び、それを自らの起業に活かそうとしているのである。

だからこそ日本にとってかけがえのない存在なのである。

株式会社ブレインワークス　代表取締役　近藤　昇

◆ 第二部 ◆

新興国の起業家たち

Kokuen Tenko Infomation Co.,Ltd

日本との交流経験が活きる 新しい価値の創造と社会貢献

グェン・ティ・フェン氏（中央）

Kokuen Tenko Infomation Co.,Ltd　代表
グェン・ティ・フェン

2008年ハノイ貿易大学国際経済学部を卒業し、2009年4月から青森中央学院大学大学院の地域マネジメント研究科に進学。20012年に卒業、その後ベトナムに戻り、NTTコミュニケーションズハノイブランチの営業部に勤務。2013年3月に退職、人材に関わる事業を進めることを決意し起業。人財を中心に、日本とベトナムの架け橋となると共に、企業間のビジネス促進をするため尽力している。

Profile

会社概要

《社名》Kokuen Tenko Infomation Co.,Ltd
《所在地》3th floor, Dai Phat Building, 82 Lane Duy Tan,Cau Giay Dist, Hanoi
《URL》http://j-job.com.vn/
《代表》グェン・ティ・フェン氏
《事業内容》・ヘッドハンティング事業
・ソフトウェア開発事業
・オンライン求人サービス事業

格言

社員を雇用すれば、その家族の生活まで含めて責任を負うことになります。これは大きなプレッシャーになる反面、常に先を見据えて走り続けるという、チャレンジ精神の大きな支えにもなっています。

Kokuen Tenko Infomation Co.,Ltd　代表　グエン・ティ・フェン

◇マンガに描かれた日本の文化に共感

私は現在、ベトナム国内でヘッドハンティング・ソフトウェア開発・人材マッチングサービスという3つの事業を展開しています。このうちソフトウェア開発事業は、私が大好きな日本の企業を対象として、ラボ型のオフショア開発を提供するものです。

日本の文化に触れるきっかけとなったのは、中学生の頃に読んでいたマンガでした。当時は日本のマンガが大人気で、そこに描かれている文化に共感した私は、日本のことをもっと知りたくなったのです。

その後も日本への興味は尽きず、ベトナムの大学では友人の多くが英語コースを選ぶ中、迷うことなく日本語コースを選択。日本の文化を学べば学ぶほど、実際に行ってみたいという衝動に駆られました。

しかし、当時は日本に行ける機会など滅多にありません。そんな私に大きなチャンスをくれたのが、126の国と地域で活動する世界最大級の学生団体「AIESEC（Association Internationale des Etudiants en Sciences Economiques et Commerciales）」でした。

大学3年生の時にAIESECの支援を受け、日本企業で3ヶ月間のインターンシップを経験できたのです。実際に日本を訪れ、憧れだった日本文化に触れ、貴重な意見交換ができたこの経験は、私の人生を変えたといっても過言ではありません。

帰国した私は、ベトナムの大学を卒業後、もっと長期間にわたって日本での生活を経験したいと思いました。そこで私は、日本の大学に3年間留学することを決意しました。もちろん、今度はAIESECの支援がない私費留学のため経済的な負担が大きく、プレッシャーもありました。しかし、そのおかげでより多くのことを学び、成長できたと感じています。学業はもちろん、日本での生活自体が体験できたことは、ビジネスの側面でも大きな影響を与えてくれましたね。

例えばコンビニエンスストアやオンラインショップなど、日本にいると日常生活でまったく不自由を感じません。そんな素晴らしい環境の中で暮らしていた私の中にはいつしか「この便利さをベトナムで展開したい」という思いが生まれたのです。今思えば、この当時から日本と関わり合いのある仕事をする会社を作ってみたかったのかもしれません。

日本の国土については、旅行でさまざまな場所を訪れましたが、特に昔ながらの文化が色濃く残る神戸・京都・長崎などがお気に入りです。趣味は読書と映画鑑賞で、読書は中学時代に夢中だったマンガから仕事に役立つビジネス書籍まで、実に幅広いジャンルの本を読みましたし、この趣味は現在も続いています。

好きな日本食は刺身や寿司、あとは日本で独自の進化を遂げてきたカレーライスですね。確かにカレーライスは日本古来の食べ物ではありませんが、日本人の好みに合わせて改良を重ねながら、人気の国民食として定着させてしまうという部分にも、日本人らしいクオリティへの探求心とこだわりが感じられます。日本での生活では、そうした考え方や文化を含めて触れられたのが嬉しかったです。

◇新しい価値の創造と社会貢献を目指して起業

留学を終えて帰国した私は、ベトナムのＮＴＴコミュニケーションズに1年間勤務した後、起業する決意を固めました。昔からチャレンジ精神が人一倍強く、「新しい価値を創造し、社会に貢献する」という目標を実現させるためです。

起業に際しては、もともと興味のあったインターネット事業の中でも、日本で大きな利便性を感じたオンラインショップの運営を考えました。しかし、スタートアップでオンラインショップ事業を手掛けるには、どうしてもコストがかかりすぎてしまうのです。

また、次に思いついた求人サイトの立ち上げについても、企業・求職者ともに数多くのユーザーを獲得する必要があります。求職者が少なければ企業は契約してくれませんし、掲載されている求人情報が少なくても求職者は離れてしまうでしょう。これを同時に満たす基盤作りには、膨大な時間と予算が求められます。

そんな時、友人から教えてもらったヘッドハンティング事業について調べていたところ、ベンチャーとしてＢｔｏＣよりもＢｔｏＢの方がスタートしやすいと感じました。そこで２０１３年に、ヘッドハンティング事業を手掛けるKokuen Tenko Infomation Co.,Ltdを設立したのです。

◇オンライン事業拡大を視野に入れて着手したソフトウェア開発

優秀なスタッフがビジネスを成長させる

ヘッドハンティング事業がある程度の軌道に乗り、次に目指したのがオンライン求人サービス事業の立ち上げです。実際にベトナムの大手人材派遣会社は、その多くが並行して求人サイトも運営しており、連携による事業拡大効果が期待できます。

しかし、求人サイトで適切なマッチングを行うためには、どうしてもデータベースが欠かせません。また、スタートアップ企業が数多くの大手求人サイトに対抗していく上で、紹介からフォローアップまでを自動化・最適化するシステムが必要不可欠といえます。

そこで今後のオンライン事

業拡大を視野に入れ、２０１６年に設立したのがソフトウェア開発を手掛けるAglobe Tech VN Co.,Ltdです。

このAglobe Techでは、求人サイト向けのソフトウェア開発以外に、もうひとつ主軸となる事業を手掛けています。それが、日本企業をターゲットとしたラボ型のオフショア開発事業です。オフショア業界では、日本企業が一番の優良顧客といわれています。その理由としてまず挙げられるのが、日本企業は契約や金銭面において絶大な信頼があるということです。

これはビジネスを行う上で、もっとも重要な点といえるでしょう。また、日本では少子高齢化を背景とした人材不足、そして近年増加しているコスト削減のニーズなどを満たすべく、オフショア開発の習慣が根づいています。一方でベトナム側でも、日本企業の高度な要求に応えるべく、スキルの向上が期待できるという、Ｗｉｎ－Ｗｉｎの関係が築けるわけです。確かにオフショア開発では、言語の違いによるコミュニケーションの壁もありますが、お互いのメリットを考えれば大きな問題ではないでしょう。

◆将来のトレンドになると直感した求人サイトとの出合い

ソフトウェア開発を手掛けながら、並行して行っていたのがオンライン求人サービス事業に関する調査です。ベトナムでは大きな求人サイトがいくつもあり、どのようなモデルがもっとも市場ニーズにマッチするのか、約２年間の歳月を費やして調べました。

若者たちの雇用ニーズにも変化があるベトナム市場。彼らと多く触れ合うことで理解も深まる

そうした中で目に留まったのが、ある日本企業が日本国内で運営している求人サイトでした。従来の求人サイトで用いられてきたマッチングパターンは、日越ともに企業の待遇や給与をメインとしたものばかり。結果として、ユーザーはブランド力の強い求人サイトに集まっていきます。

しかし、私が注目した求人サイトの場合、企業の風土・文化や事業自体の面白さを中心にPRを行っていたのです。「仕事場の雰囲気が気に入っている」「同僚や上司のレベルが高くて勉強になる」など、ユーザーの声からも〝その企業が好き〟という思いが伝わってきました。この新しいモデルに出合った時、私は衝撃を受けると同時に、将来のトレンドになると直感しました。

ベトナムでは近年、仕事に対して人々が求めるニーズに変化が見られています。ベトナムが現在よりも貧しかった頃、人々はより高い給与を求めて外資系企業に殺到しました。それが最近では、生活水準の高まりを背景として、「新しいものを作りたい」「想像力を発揮したい」といったニーズが増加。これらを実現できる地元企業やスタートアップに人気が集まりだしたのです。

私が出会った新しいモデルは、こうした市場ニーズを十分に満たすものでした。そこでこの日本企業にベトナムで一緒にビジネス展開したい旨を伝えたところ、残念ながらまだベトナム進出は考えていないとのこと。それならば私が作ろうと決意し、２０１７年にオンライン求人サービスの運営企業としてHR Empire VNを設立。同年8月にβ版が完成し、テストと修正を繰り返しながら、２０１８年2月に正式オープンを迎えました。

◆〝知識〟から〝実践〟に至る過程で生まれる数多くの課題

私は日越の大学でビジネスマネジメントや経営学などを知識として学んできました。しかし起業後に実感したのは、〝知識〟から〝実践〟に至るまでの過程で、数多くの課題が生まれるということです。初めて経験することは、調べて学ぶしかありません。単純に仕事をこなすだけでなく、その中で新たな価値の創造に向けて勉強の時間を捻出する、毎日工夫しながら新しいことを勉強する。これは学生時代になかったプレッシャーです。多い時には2ヶ月間で、大学時代に2年間かけて読んだ本と同じくらいの量を読破したこともありました。

そしてもうひとつ、起業した以上はすべてにおいて自分が責任を負うという考え方も、学生や一般社員では感じられなかった部分でしょう。社員を雇用すれば、その家族の生活まで含めて責任を負うことになります。これは大きなプレッシャーになる反面、常に先を見据えて走り続けるという、チャレンジ精神の大きな支えにもなっています。いまの私にとって、こうした学びと成長がライフスタイルの一環であり、毎日新しい自分と出会えるのは楽しみのひとつです。

日越ビジネスという観点では、レベルの違いが大きな課題でした。先進国である日本は、当然ながら人材のスキルレベルが高く、環境面でも数多くの企業が最先端技術を導入しています。また、日本ではスケジュール通りに進むのが当たり前で、なおかつ「顧客が求める満足度以上のものを提供する」といった企業文化もあります。単純に「仕様を満たす」だけでないところが、世界に誇るジャパン・クオリティの理由といえるでしょう。

一方のベトナムは発展途上国ですから、こうした日本企業の考え方を理解し、要求を満たせるまでが苦難の道程でした。ソフトウェア開発においても、たとえば要件定義に対してエンジニアが「こっちの方が良いのでは？」と勝手に判断して変えてしまう、といったこともありました。

そこでAglobe Techでは、日常的に育成やトレーニングを実施。日本企業が求める考え方やクオリティに合わせられるよう、常に改善を行っています。こうした努力なくして優れた人材は育てられませんし、自分と同じく日々成長していくスタッフの姿を見られるのはワクワクしますね。

◆新しい価値の創造が新しいマーケットの獲得につながる

現在はまだ小規模なスタートアップ企業ですが、顧客のために今後もより価値のある新しいサービスを提供し続け、業界でリーディングカンパニーを目指したいと考えています。新しい価値の創造が、新しいマーケットの獲得につながる、というのが私の持論です。そのためには、常に顧客目線でニーズを考えることが重要といえるでしょう。

具体的な方針については、現在別会社として運営している3社のグループ企業化も視野に入れています。また、日本のパートナー企業と連携して進めているオフショア開発に関して、今後は日本における営業力強化のため、日本国内に拠点を設けることも検討中です。

ベトナムは日本と比べて、まだ人々の生活を便利にする環境が整っていません。そうした意味で、新しいチャレンジができる、人々を幸せにするビジネスを展開できるチャンスが数多くあり

トレーニング課程をこなし、優秀な人材を輩出

ます。日本企業の皆さんも、ベトナムで新しい価値を創造してみてはいかがでしょうか。

株式会社アジア・ニュー・パワー

強固な「信頼関係」が作り上げる日越友好の架け橋

代表取締役
ディン・ゴック・ハイ

株式会社アジア・ニュー・パワー 代表取締役
一般社団法人 在日ベトナム経営者協会 代表理事会長
工学博士
1997年にハノイ工科大学を卒業後、ハノイ都市開発局で新都市および工場団地の開発プロジェクトに約2年間従事。その後は約10ヶ月間、東京都庁の研修生として日本の新しい技術を学び、ベトナムに帰国する。留学のために再び来日し、5年間埼玉大学にて環境工学を専攻、修士号（2000年～2002年）と博士号（2002年～2005年）を取得。さらに日本で、月島機械株式会社研究員、日本水資源開発公団、アジア開発銀行研究所研究員、株式会社インターナショナルハーコムでの国際ビジネス開発担当を経て、2006年10月に日本とベトナムの投資・貿易を仲介する株式会社アジア・ニュー・パワーを設立、社長に就任。現在に至る。

Profile

会社概要

《社名》株式会社アジア・ニュー・パワー
《所在地》東京都千代田区神田紺屋町20神保ビル7B
《URL》http://www.asianewpower.com/
《代表取締役》ディン・ゴック・ハイ
《事業内容》・医療ツーリズム事業
・コンサルティング事業
・輸出入事業

格言

お客様に対して敬意の念を抱き、その信頼を裏切らないよう責任を持ってビジネスに取り組んでいれば、自然と良好な信頼関係が築けます。互いに信頼を得られることほど、ビジネスを展開する上で心強いものはありません。

株式会社アジア・ニュー・パワー　代表取締役　ディン・ゴック・ハイ

◇きっかけは日本での先進的な技術との出会い

２００６年10月に設立したアジア・ニュー・パワーは、今年で12年目を迎えました。設立当時は太陽電池事業をメインとしていましたが、現在ではベトナムの富裕層を日本に招き、診断や治療を受けてもらう「医療ツーリズム」事業が全体の約95％を占めています。日本が誇る高度かつ先進的な医療の現地プロモーションから、日本で実際に診断や治療を行う上でのサポート、通訳など言語に関するサービスまでをトータルで提供するサービスです。そのほか、日越間における製品の輸出入事業、ベトナムへの進出支援や各種セミナーなどを行うコンサルティング事業も提供しています。

また、２０１３年9月に設立した一般社団法人・在日ベトナム経営者協会では、代表理事会長も務めています。この協会は、日本全国にいる在日ベトナム人経営者の団体を作り、日本とベトナムの架け橋となるビジネスを促進しようという、駐日ベトナム大使館からの呼びかけで誕生しました。名誉会長には元駐日大使のドアン・スアン・フン氏が就任し、現在の会員数は33名。協会の設立によって経済交流や高度な技術移転のチャンスをより多く生み出しつつ、日越間の経済発展、貿易や観光、科学技術協力での貢献を目指しています。

そもそも私が日本でこうしたビジネスをはじめたのも、日本で先進的な技術と出会ったことがきっかけといえます。私は１９９７年にベトナムのハノイ工科大学を卒業後、ハノイ都市開発局で新都市および工業団地の開発プロジェクトに約2年間従事してから、東京都庁の研修生とし

日越再生医療プロジェクトのセレモニー

て初めて日本を訪れました。そこで約10ヶ月間かけて日本の新しい技術を学んでベトナムに帰国したのですが、私の中で「もっと学びたい」という強い意欲が沸き上がり、ベトナムと比べてハイレベルな日本の埼玉大学大学院に入学。専攻は環境工学で、2年間の修士課程、3年間の博士課程を修了し、日本の企業に就職したのです。そこから約1年半が経過した頃、もともと経営が好きだったこともあり、独立起業して現在のアジア・ニュー・パワーを設立しました。家族は現在、妻と次男が日本で、長男がベトナムで暮らしています。

◇一時的なハイリターンよりも強い信頼関係で次に続くビジネスを

私がビジネスにおいて最も重視しているのは「信頼関係」です。世の中にはハイリスク・ハイリターンなビジネスも数多くありますが、たとえリターンが少なくても一度きりで終わりではなく、次に続くような経営スタイルを大切にしています。お互いにＷｉｎ－Ｗｉｎの関係が築ければ、それ以降もより良いパートナーとして、長期にわたりビジネスの可能性が期待できるからです。たとえば「太陽光バブル」と呼ばれていた当時、太陽光パネルの原材料となるシリコンの価格は約25倍にまで高騰しました。この機に乗じて素早い売買で大儲けをした企業も数多くありましたが、一方で懸念されていたのが品質面のトラブルです。そこで弊社では、安全と品質を第一に考え、アフターサポートも含めて最良な信頼関係の構築に努めました。

しかし、こうした企業努力をもってしても、残念ながらトラブルは起こり得てしまうものです。弊社では当時、中国企業から原材料となるシリコンを購入し、韓国の大手企業に販売していましたが、中国企業のずさんな品質管理に加えて、韓国企業では品質を未確認な状態で大量に発注。こうして生じた品質トラブルに、相場自体の急落が重なり、大きな損失が出てしまったのです。これに対して、中国企業は決して責任を負おうとしませんでした。私が直接現地の工場を訪れても、知らぬ存ぜぬの一点張り。そこで弊社が、韓国の大手企業に対して補填のための返金や値引きを実施し、ようやく事態を収束へと向かわせることができました。一時的な損失こそ出ま

日本商工会議所 日本メコン地域経済委員会と覚書

したが、このように責任を持ってアフターフォローまで行うことが、信頼関係を重んじる私のビジネスにとっては非常に重要です。実際、こうしたアフターフォローによって、トラブルの後も韓国企業とは友好な関係を築けています。

◆日本企業の信頼性は世界でもトップクラス

信頼関係を重んじるという点では、日本の企業ともわかり合える部分が非常に多いと感じます。日本企業の信頼性は、世界的に見てもトップクラスです。たとえば、正式な書類を交わさないような口約束でもしっかりと守ってくれますし、仕様書に則した品質の担保、そして支払いなどの金銭面も含めて、あらゆる面で信頼ができます。確かに、契約を結ぶまでは書類作成や各種検査などで若干の手間と時間が必要ですが、契約後の安心感は絶大です。こうした相手を尊重するスタイルは、ビジネスパートナーとして互いに信頼関係を深め合うにあたり、必要不可欠な要素といえるでしょう。

一方で、ベトナムの企業は契約に至るまでのスピードが非常に速いのですが、実際に仕様書通りの品質が担保できなかったりと、信頼性において若干難点がある傾向が強いといえます。これは仕事に対する考え方や商習慣の違いから生じるものであり、今後ベトナム進出を考えている日本企業は慣れるまでに多少の時間を要するかもしれません。しかし、ベトナムは日本企業にとって多種多様なビジネスチャンスに溢れている国であるのもまた事実です。ベトナム側でも日本に対して良いイメージを持っていますし、良いビジネスパートナーに恵まれれば、大きな成長の可能性があります。現在では、弊社のような企業やベトナム政府など、日本企業の現地進出を支援してくれる機関が数多く存在するほか、アベノミクスでも中小企業の海外進出を支援していますから、もし初のベトナム進出であれば、こうした支援を有効に活用してみてください。

◆これまでのデメリットをメリットに変えて躍進

日本でビジネスを始めた当初、難しいと感じたのが「外国人である」ことの壁です。私も日本企業と同様に信頼関係を重視しているため、時間をかけて接するうちにわかりあえるのですが、ビジネスにおいては一般的にベトナム人の信頼性がそこまで高くないという現実から、時には「本当に大丈夫ですか？」と疑念を抱かれることもありました。しかしこうした疑念は、実際に私のビジネススタイルを見ていただき、徐々に強い信頼関係を築き上げることで解消できます。そして今では、ベトナム人であることをビジネス上のメリットにできるほど成長しました。

太陽光パネルの原材料であるシリコンの取引がメイン事業だった当時は、中国と韓国の企業が顧客だったため、私がベトナム人であるというメリットをまったく発揮できていませんでした。しかし、現在メイン事業となっている医療ツーリズムでは、日本の知識と言語に長けた在日ベトナム人としての優位性を最大限に活かしつつ、日越の懸け橋として貢献できるまでになったのです。また、ベトナム進出支援のコンサルティング事業に関しても、安心してお任せいただける信頼を築き上げられました。

◆楽しみが増える分だけ日越間のコミュニケーションも充実

こうした実績の積み重ねによって、信頼以外に得られたものも数多くあります。たとえば、医療ツーリズムではお客様の大半がベトナムの要人や富裕層であるため、一般的なビジネスでは巡り会えないような人脈の獲得につながっています。また、在日ベトナム経営者協会の代表理事会長としても、日越両国の政治家たちと面会する機会が多いといえます。こうした方々の接待などを通じて、普段は決して入れない場所へ入場できたり、高級料理が並ぶ食事会に参加したりと、未知の体験ができるのも嬉しい点ですね。

さらに、医療ツーリズムのお客様が喜ばれる姿を見るのも楽しみのひとつです。医療ツーリズムのメインはあくまでも診断や治療ですが、富裕層の方に素晴らしい体験をしていただけるよう、

第6代ベトナム社会主義共和国首相 グエン・タン・ズン氏に記念品を贈呈

日本各地の旅行ツアーなどもご紹介しています。身体だけでなく、心まで健康になってもらえる最高のプランをご用意しており、リピーターも数多くいらっしゃいます。

私は国内外の旅行や食べ歩きが趣味なので、こうした旅行プランニングにも自信があります。たとえば、ベトナム人にはお寺が好きな方が多いことから、まずお勧めしたいのが京都です。紅葉が見頃を迎えた秋の京都は特に素晴らしく、ぜひ一度訪れていただきたいですね。日本には四季があり、さまざまな情景が見られるのも大きな魅力で

第5代ベトナム社会主義共和国主席 チュオン・タン・サン氏からの記念品贈呈

す。ひとつのスポットで四季折々の姿を楽しむ、というのもまた趣がありますが、その時々でより美しい情景を見ていただけるよう、特にご希望がなければ季節に応じて最良のスポットをご案内しています。

　このような取り組みを通じて、お客様と私にとっての楽しみが増える分だけ、日越間の密なコミュニケーションにもつながっていく。日越ビジネスに取り組んでいる身として、これほどの喜びはありません。

◇苦労を乗り越えてこそ成功がつかめる独立企業

私のように、独立起業を考えている方は多いと思います。そうした方に伝えたいのが、「苦労を乗り越えてこそ成功がつかめる」ということです。

ビジネスは好調な時もあれば、当然ながら不調な時もあります。不調の原因は不良品やトラブルかもしれませんし、1社の企業努力ではどうにもならない景気の低迷かもしれません。こうした状況に陥った際、たとえば自分ひとりで仕事をしているのなら、生活費を削るなどして不調の期間を乗り切ることも可能でしょう。しかし、事業拡大などで従業員を雇用した場合には、その家族の生活も含めて支える必要があります。これが私の考える社長としての責任です。

また、社長という立場は社内だけでなく、社外に対しても常に責任を持った言動が求められます。この責任を持った言動の結果こそ、私がビジネスにおいて最も重視している信頼関係に結びつくものです。取引先企業やお客様に対して敬意の念を抱き、その信頼を裏切らないよう責任を持ってビジネスに取り組んでいれば、自然と良好な信頼関係が築けてきます。互いに信頼を得られることほど、ビジネスを展開する上で心強いものはありません。

◇ベトナムの病院に日本の最新医療技術を提供

ベトナムと外交がある国々の中でも、2018年に日越外交関係樹立45周年を迎える日本とは、特に素晴らしい信頼関係が築けていると思います。現在では在日ベトナム人が20万人を超えており、留学生や研修生も増えています。政府が良好な関係を築けていれば、自然に国民同士の交流も増加しますから、今後もこうした関係を深めつつ、より良いパートナーとして互いに成長していけることを願っています。

弊社ではこのような日越の交流促進に貢献できるよう、医療ツーリズムに関連する分野を今後さらに伸ばしていきたいと考えています。具体的な施策としては2017年に、日本の病院と連携してベトナムに合弁会社を設立しました。この合弁会社では2018年から、ベトナムの病院に対して日本の最新医療技術を提供していく予定です。こうした活動を通じて、日越双方の国が持つ素晴らしさを伝える架け橋になりたいですね。

株式会社KR

満足のいく人生を送るため
経営者の道へ
日本とモンゴルを
Win-Winの関係で繋ぐ

代表取締役社長
ガンバット バイスガラン

1989年	モンゴルウランバートル市　生まれ
1997年	モンゴル国立第一学校　入学
1998年	モンゴルから日本へ　移住
2002年	長崎市立西町小学校　卒業
2005年	長崎市立緑が丘中学校　卒業
2008年	学校法人　海星高等学校　卒業
2012年	専修大学経営学部経営学科　卒業 （在学中　KICK　ROUTINE　設立）
2012年	株式会社KR　設立（日本）
2013年	有限会社KICK　ROUTINE　設立（モンゴル）
2013年	有限会社SEICONOMOTO　買収（モンゴル）
2015年	有限会社Artlif　Mongolia　役員就任（モンゴル）
2016年	有限会社SKR　代表取締役就任（モンゴル）

Profile

会社概要

《社名》株式会社KR

《所在地》東京都新宿区西新宿7丁目20番1号　住友不動産西新宿ビル 15F

《URL》http://www.kr-inc.co.jp/

《代表取締役社長》ガンバット バイスガラン

《事業内容》
・モンゴル人の人材関連事業（育成、派遣、紹介、技能実習生など）
・モンゴル進出サポート事業（コンサルティング業務）
・日本モンゴル間貿易事業
・ITオフショア開発事業

格言

自分が経験していないのに進出を考える方へアドバイスなんてできませんから、とにかく全部やりました。

株式会社ＫＲ　代表取締役社長　ガンバット・バイスガラン

◇経営者という概念を変えたオーストラリアでのホームステイ

私の両親は国費留学生として日本に留学し、私自身も8歳の時に日本へ来ました。小学校・中学校・高校まで長崎で過ごし、専修大学への入学を機に上京して大学時代に学生起業をしました。入学の時から起業するというのは決めていましたが、具体的に何で起業するというのは決めておらず、とりあえず起業してみようという考えでした。

起業したきっかけは周囲で起業している先輩が多かったのもありますが、高校生の夏休みに1カ月半ほどオーストラリアへホームステイした時、そこで出会った精肉工場の社長が単純に格好良く見えたという思い出があります。私はその頃、大企業の社長や世界を飛び回っているような人が格好良いという考えを抱いていました。

しかし、オーストラリアで出会った社長は一流企業でも金融関係でもない、そう大きくはない精肉工場を27年間経営しているという方でした。従業員は社長を含めて4人ほどで、他の3人の従業員も20年以上勤続している家族みたいなものだと仰っていました。

子供たちを大学に行かせて人生を自由に歩んでほしいと願っていて、奥さんとも豪華ではないけれど年に一度は海外旅行にも行っている。そんなふうに、自分の人生に対して満足している方々がとても格好良く見えたのです。

それまで映画や本で見る一流企業の経営者といえば、毎日びしっとしたスーツ姿で働いて、高級車に乗って接待をするとか、お客さんと大きな商談をするという方々ばかりでした。

壮大な大自然と近代化が進む都市を併せ持つモンゴル。
大きな可能性を秘めた国だ

一方、精肉工場の社長は小奇麗な格好をしているわけでもないし、古い車に乗っていましたが、本当に自分の歩んできた人生に満足していて、当時17歳の自分が考えていた経営者という概念が壊れました。そうした姿に憧れ、こんな経営者になりたいと感じた経験が起業へ繋がっていったのだと思います。

国交樹立から40年以上が経過した二国間の現実

学生時代にはイベント事業を行っていましたが、大学を卒業したその月に株式会社KRを設立しました。主に人材関連事業、育成や派遣、紹介、技能実習生などを中心に日本からモンゴルへの進出サポート、コンサルティング事業、貿易事業を行っています。

私は現在28歳ですが、起業した22歳の時点で日本とモンゴルは国交を結んでから40年以上も経っていました。しかし起業した頃から日本とモンゴルを繋げられている方々が少なくて、やはり相撲くらいしか関係性がありませんでした。モンゴルや日本の若者を対象にアンケートを取ったところ、当時モンゴル人の日本に対するイメージが「相撲」「トヨタ」「島国」だけだったのです。逆に日本人のモンゴルに対するイメージは「相撲」「スーホの白い馬」「チンギス・ハーン」という3つしかなかったのです。

国交が樹立してから40年以上という歴史のある国の国民たちが、お互いにそんなイメージしかないという現実がありました。私はモンゴル人ですが人生の半分以上を日本で過ごしているので、私自身も日本人の感覚に近いレベルといえるでしょう。より日本とモンゴルを近づけたいという思いが沸き上がり、「自分が絶対に日本とモンゴルを繋げてみせる」と使命感を抱くようになりました。こうした経緯で株式会社ＫＲをスタートし、6年間ほど経ったところです。

◆日本とモンゴルでＷｉｎ-Ｗｉｎの関係性を目指す

起業してから日本とモンゴルでさまざまな事業を始めて、日本の企業に対してモンゴルへの進出をお願いしたり営業をかけたりしていましたが、最初は「なんでモンゴル？」と聞かれました。

現在も日本の企業は東南アジアへ熱い視線を送られていますが、当時から海外進出するのであれば東南アジアだという流れがあったのです。モンゴルとしても日本企業が進出できるほどの市場の規模もありませんでしたし、人口も少ない。クライアント様、取引様方にモンゴルの良さを伝え、きちんとWin－Winの関係をどう築くかという部分に一番苦労しました。

そこでモンゴルの良さを伝えるため、出来ることは片っ端からすべてやりました。例えばこの事業がいけるのではと思ったら、お世話になった経営者の方をモンゴルへ招待しましたし、23歳の時には飲食店を3店舗経営して従業員が60人超える規模にもなりました。

モンゴルの持つ可能性を伝えていく
ガンバット バイスガラン氏

その中で事業として残っているものもありますし、難しいと感じたものはすぐに撤退しています。自分が経験していないのに進出を考える方へアドバイスなんてできませんから、とにかく全部やりました。実際に体験した人が言うのと、何もしていない人が数字べースで話すのでは、説得力が全然違います。こうした部分も合わせて、お客様が弊社を選んでくれる理由になっているかなと感じています。

弊社は日本にある本社のほかモンゴル側に2つのグループ会社をもっていて、今は3社で事業を進めています。6年間かけて人脈や法律関係もすべてリサーチし、モンゴルの中の有力者とも関係性を築けています。今は日本からモンゴルの進出を考える方々がアクセスするようなサイトはほぼ弊社が運営しているような状況で、問い合わせは6年前に比べて格段に増加しました。

モンゴルという国は1989年まで社会主義で、政府や幹部クラスは社会主義の方々が多くいらっしゃいます。私が生まれたのがちょうど同じ年でとなります。社会主義から民主主義になったこともあり、今後20代~30代の若い世代から古い社会主義寄りの考えがなくなっていく分、日本とモンゴルはより良い関係性を作っていけると思います。今はまだ色々な問題もあると思いますがここが踏ん張りどころでしょうね。

◆同じビジョンを持つパートナーとの出会い

ビジネスに手ごたえを感じたのは2年半くらい前からです。一気に従業員のレベルも上がり、問い合わせ件数がかなり増加して取引額も増えました。従業員数は、モンゴル側は約20人、日本側と合わせて25人ほどとなります。

日本で働いているのは日本人、モンゴルはモンゴル人が中心ですが日本人も3人います。学生の時から僕のパートナーとなってくれている日本人も日本とモンゴルを行ったり来たりしています。

パートナーとは大学時代に出会いました。大学の選抜チームでインターンシップに行くというものがあって、私は１００社以上ある中からサン・シールド株式会社を選んだのです。というのも、年商が１７０億円、従業員が58人なのに営業部署には２人しかいません。

何故１７０億円以上も稼げているのに営業が２人しかいないのだろうと興味を持ち、２カ月ほどインターンシップさせていただく中で「営業とは何か」というものを全部教えてもらいました。

その時に学んだ内容について大学で発表をしたのですが、それをきっかけにパートナーと知り会いました。行動を共にしていく中でお互い事業を起こしたいという気持ちがあるのを知りました。私も彼もありがたいことに、早い段階でとても良い条件での内定を頂いて、私はＭＢＡを取り、彼は内定した企業で３年間勉強をしてから一緒に起業しようという話をしていました。

しかし、ちょっと待てよと。限られた人生の３年間も無駄にしてしまっていいのかと考えて、今やってしまおうと思いました。私も彼も特別優秀な学生というわけではなく、ただ自分の道を自分で選び、人生を作っていくという感覚、考え方が同じだったのです。

出会ってもう9年ほどになりますが「この人と一緒にやればできる！」というような感覚ではなく、ただ２人とも同じ方向を向いていたので、自然と一緒に進むようになったという感じです。

◇自分の「強み」を押し出せるビジネスを

日本では見た目というか、スーツをしっかり着て、靴もピカピカに磨いて、きちんと名刺を出すという礼儀から始まるところがあると思うのですけど、モンゴルでは「あなたは一体何ができるのですか？」というところから始まります。単刀直入型とでもいいますか、その人と仲良くなるための接待などもなく、会ったその瞬間から御社は何ができますか、御社はどのくらいお金がありますかというレベルの会話を切り出します。

私は日本のやり方もモンゴルのやり方も良いと思っていて、日本ではさまざまな計算などを経て事業のスタートまで時間をかけるため、かなり成功率が高いと思います。モンゴルはわかりやすく決断が速い分、あまり深く考えてない場合もあります。それぞれに良いと思う部分があるので、お客様に合わせてやり方を変えていくというスタイルをとっています。

外国人が日本でビジネスをするなら、とくに「強み」を持っていないと難しいのかなと思います。英語を話せる方であれば英

日本とモンゴル、それぞれのビジネススタイルの良さを活かして新たな世界を作り上げていく

語の塾や英会話の先生、大学の先生になれると思うのですけど、英語圏ではないアジアの方であればただ日本語がペラペラ話せる外国人というだけでは仕事を取れないでしょう。

会社と同様に、どれだけ他者と差別化したサービスを提供できるのか、私自身も「他のモンゴル人よりも何が強みなのか？」という部分に気をつけています。

日本国内で事業をやっている場合、普通の事を普通にできるのが当たり前ですよね。それが外国を相手にするとなると、日本語のレベルもそうですし、日本でいう普通があまり通用しなくなってきます。日本と外国を比べても、普通のことを普通にできるのが弊社の強みなのかと思います。

今後は観光産業と、栽培に力を入れたいと考えています。モンゴルは世界の中でも地下資源が豊富なのですが、地下を掘り出して商売するのではなく、土壌に生えているもので商売ができないかなと。環境保護もしながら薬用植物の栽培を2年くらい行っていて、やがて市場がかなり大きくなっていくだろうと見込んでいます。

◆限られた人生で「勝つコツ」を考える

海外の方があえて日本でビジネスをする意味は、ある程度成功できたら世界と戦えるところだと思います。というのも日本という国は独特な文化がありますし、独特なビジネスのやり方もあります。

世界の方々にはない勤勉さやきめ細かさ、資料一つにも気持ちを入れて作るとか、そうした

ガンバット バイスガラン氏はこれからも優れた行動力でビジネスを牽引していく

部分を日本で経験し、事業が軌道に乗った方であれば世界どこにいっても戦えるビジネスのベースができるのではないでしょうか。アメリカは日本から見ると憧れの国でしょうが、世界からみれば日本も色々な分野でトップレベルにあると思います。

私が学生の頃、先輩の経営者の方に言われた「コツコツ、勝つコツ」という言葉が原動力となっています。これはコツコツやりながら、勝つコツを考えるというものです。

海外でビジネスをしようと思ったら当然日本よりもリスクがあるので、日本人は事前にしっかり準備をしようという方が多いと思います。一方、日本人ではない外国の方は一攫千金だとか、大きなお金を動かしてやろうと思っている人が多い印象です。

今後日本国内で起業しようと思っている外国人の方々は、たくさんのお金を稼ぐというよりもコツコツとやり続けて信頼を得てお客さんを増やす、そうした「勝つコツ」を考えるのが良いのかなと思います。

弊社もずっと成功していたわけではなく紆余曲折がありましたが、まずは「やりたいことをやったもの勝ち」だと思います。「こういう事業をやってみたい」と思ったら、思うだけではなく実行して現実にする、すぐアクションを起こして人生を楽しんだもの勝ちだと感じています。

私は日本で外国籍の方とも色々な話をしますが、やはり日本語を勉強しなきゃいけないとか、日本の大手企業で働いてから起業したいとかいう人が多くいらっしゃいます。しかし、人生は限られていて頑張っても70歳か80歳、その中で実際に頑張れるのは20~50歳くらいの約30年ほどだと思います。

そんな中で自分の理想の人生をどこまで現実に持っていけるのか。格好良い言い方をすれば、ある経営者が言われた「夢に日付」ですね。「いつまでにこうなる」という人生プランをしっかりと計画してみてください。

CM-RC.com 株式会社中国市場戦略研究所

ビジネス環境の激しい変化に柔軟に対応する力

代表取締役
徐 向東（じょ・こうとう）

CM-RC.com株式会社中国市場戦略研究所 代表取締役
上海CMRC代表
多摩大学大学院 MBAコース客員教授
日本貿易振興機構（ジェトロ）・コーディネーター
北京外国語大学講師を経て文部省奨学金で来日、日本で博士号取得後、一貫して日本企業向けの中国市場進出の調査やコンサルティングに従事。03年2月17日日経新聞経済教室欄に「中国“新中間層”の台頭」を発表。消費市場としての中国新中間層への注目を日本で始めて提起。日経グループ企業の首席研究員、上海事務所総監、コンサルティング会社の代表取締役などを経て、2007年から株式会社中国市場戦略研究所（CM-RC.com）代表。現在、日本と上海に会社を持ち、中国での市場開拓やビジネス拡大を狙う日本企業のためにコンサルティング、リサーチ、販促プロモーション、現地企業とのマッチング、販売代理、情報発信などのサービスを提供している。経営層向け講演やセミナー講師のほか、著作とコラム執筆も多い。

Profile

会社概要

《社名》CM-RC.com 株式会社中国市場戦略研究所
《所在地》東京都中央区日本橋久松町１１番６号日本橋TSビル３階
《URL》http://www.cm-rc.com/
《代表取締役》徐 向東氏
《事業内容》プロモーション、イベント、KOLロコミ拡散、インバウンドサポート、越境EC旗艦店運営代行、マーケティングリサーチ、企業産業調査と経営コンサルティング、など

格言

仕事を続けているのに何ヶ月も電話が鳴らない。言いようもない孤独感や、出口が見えない閉塞感の中、一年間を過ごしました。とても不安でしたが、今考えるとあの経験があるから、努力することの大切さを再度学びなおした気がします。

CMRC・com 株式会社中国市場戦略研究所　代表取締役　徐 向東

◇ビジネスに魅力を感じ起業へ

かつて私は中国の北京外語大学で教鞭をとっていました。その後、日本の大学へ入り、大学院生として6年間を過ごし、博士号を取得していた頃には30歳を超えていました。

日本では社会学、なかでも企業組織論を専攻していましたから、以降もそれを教える立場になろうと考えていました。しかし、当時は少子高齢化が始まりだした頃で学生も少なくなり始めたこともあって、なかなかその分野で教諭の仕事を得るのが難しかったのです。とはいえ、仕事はやはり必要なので東京のとあるマーケティングリサーチの会社で働き始めました。

その頃はちょうど日産やトヨタなどの自動車産業が中国進出を開始した時期で、業務としても自分のパワーが活かせる環境がたくさんありました。プロジェクトの企画書を作成してお客様に高い評価をいただいて、こういう仕事もやりがいがあるなと感じていました。

そうなるとビジネスが面白くなって、講演やマスコミ媒体のコラムなども積極的に参加しました。知名度が少しずつ上がるようになってきた頃、勤めていたマーケティングリサーチ会社とは別の企業の方から社長業へのお誘いがあり、その仕事をしていた時期もありました。

当時は中国で北京五輪の開催が決まり、日本では「中国特需」という言葉が流行語になるほど、中国の高成長は日本経済の追い風になっていたこともあり、仕事は順調でした。しかし、次第に自由にビジネスをやりたいという気持ちが強くなり、一念発起して自分自身の力でチャレンジしてみようと考えました。思い立ったら即行動、私はすぐに自分の力が最も活かせるコンサルティングを中心とした現在の会社を起ち上げたのです。

◆揺さぶられるビジネス環境

現在の会社を起ち上げたのが2007年。起業当初は北京五輪の追い風もあって、仕事はどんどん増えていきました。結果的に東京オフィスに続き、すぐに上海にもオフィスを構えることができました。まさに勢いを感じていた時期だったのですが、それも束の間、すぐにリーマンショックが起こり、世界的な不況が起こったのです。

仕事を続けているのに何カ月も電話が鳴らない。言いようもない孤独感や、出口が見えない閉塞感の中、1年間を過ごしました。とても不安でしたが、今考えるとあの経験があるから、努力することの大切さを再度学びなおした気がしますね。

2008年にリーマンショックが起こってから1年が過ぎても日本は不景気のままです。しかし、中国では2010年に上海万博の開催が控えていることもあってあり、すぐに景気は回復しました。日本では、都心でもオフィス物件は空きばかりが目立っていましたが、上海ではオフィスの確保すら厳しい状況でした。ビルのワンフロアが空いていたのですが、当時の私には大きすぎるイメージでした。しかし、ビルのオーナーは「今決めないと、ここもすぐに埋まりますよ」と言います。仕方なくそこを借りたのですが、仕事がどんどん拡張して社員も増加。結局このスペースもすぐに手狭になるほどでした。

中国市場戦略研究所上海現地会社

そんな好景気が2～3年は続いていましたが、2012年頃からは中国経済の高度成長が終わり安定成長へとシフト。日中関係でも「尖閣」問題が起こり、日本企業からの依頼も減ってしまいました。さらに中国の労働法制や社会保険制度が変わり、企業の負担も大きくなり、今まで以上に会社の維持にコストが必要な状況に陥りました。当然、私の会社の成長も鈍化していきます。

中国での成長がシュリンクしていく一方で起こったのが、2015年から日本国内ではビザ緩和などの結果として、中国人観光客による爆買いという社会現象です。実は私どもの会社もこれに一役買っていたのですが、中国でも同じころにECビジネスが急速に拡大し、通常の正規輸入よりも簡単に中国国内に商品を届けられる「越境EC」などの新しいスタイルの日中貿易が台頭するなど、大きな変化がありました。

私どもの会社も設立してからちょうど10年が経ち、まだまだ若い会社ですが、この短い歴史だけを見ても、これだけの大きな変化が続いてきたのです。

◇変化に対応できる柔軟性が大切

先ほど述べたようにビジネスを続けていれば、景気や政治問題など外部環境の変化が必ず影響します。私たちの会社は規模が劇的に大きくなってはいませんが、その分小回りが利いてうまく適応できているのだと思います。時代の波に対して業務内容も少しずつですが変えながら柔軟に対応してきたのが功を奏しているのでしょう。この柔軟さこそ結果的にサバイバルに生き残れている大きな要因といえます。

私たちの会社の強みは2つあって、ひとつはとことん調べるというところです。そして、もうひとつは分野を特化させているところですね。コンサルティング会社にいた頃も基本はリサーチでしたから、中国人のライフスタイルや価値観、そして急成長する企業のビジネスモデルや事業スキームなどをかなり詳細に調べていました。同時に日本の製品がなぜ売れるのか、あるいは特定の製品はなぜまったく売れないのか、こうした情報も蓄積してきました。

日本の製品をそのまま中国へ持っていっても売れるものではありません。時流によって、プロモーションや販促の方法も変わってきましたし、売り方も変化し続けています。私の会社と取引している企業の皆様には、こうしたノウハウを公開していますから、戦略も立てやすいですし、売上にもつなげられます。

また、製品に関しては美肌や健康をテーマにしたものを多く取り扱ってきました。同時に中国が「世界の工場」と呼ばれていた起業当初から、私は中国をマーケットとして捉えていました。

KOL（キーオピニオンリーダー）とのセッションの写真

ですから、美肌や健康に関係する製品に関してはかなり昔から時代の移り変わりとともに中国人の趣向性を把握してきました。

時流に合わせて変化する消費者の趣向性や購買行動などの細かいチェックポイントを知らないままビジネスをすれば失敗は目に見えています。これらを理解し、サービスが受け入れてもらえるように変化を続けていくことが重要なのです。

◇コミュニケーションの重要性

私たちのように日本と中国にそれぞれオフィスを構えていたり、海外進出を狙う企業のサポートをしたりするサービスを提供している会社では特にコミュニケーションが重要になってきます。国境をまたぐ分、コミュニケーションが不足すると思わぬ失敗をしてしまうことも少なくありません。

中国ではインターネットへの依存率が高く、ネットワークを使ったコミュニケーション能力は日本人以上かもしれません。もともと広大な面積を持つ国土の中に多民族がひしめきあっているのが中国ですから、遠距離の相手とコミュニケーションを取る手段としてインターネットは非常に便利な道具であり、だからこそ大きく進化していったのです。

日本でいえば以心伝心の部分、お互いの顔色を直接見ることで感じる微妙な精神状態の違いという部分も含めて、インターネットを介したコミュニケーションでカバーする。日常的にコミュニケーションツールを使い続けているので、こうした細かい部分を含めて情報共有でのミスが少ないのです。

これは言葉でいうと簡単ですが、実際にやってみると難しいと感じるはずです。相手に伝わった内容が違っていてそれに気がついたときの失望感や、そこで生じる齟齬、わだかまり、誤解、最終的にはやりきれない思いへと変わってしまう。私自身、ビジネスの世界へ飛び込んだ当初はそれを感じることがありました。ですから、余計にコミュニケーションには力を入れてきたのです。

コミュニケーション能力が高くないといけない理由は、何も会社対会社の付き合いだけにとどまりません。私の会社では中国市場をリサーチするときに600万人のパネラーが動員できます。もちろん、そのすべてを使うことは少ないのですが、多くの一般消費者の中から想定するメインユーザーやターゲットユーザーを選んで、ディスカッションやグループインタビューを開催することがあります。また、現在ではネットワークの中で影響力を持つオピニオンリーダー的存在の

中国市場戦略研究所日本オフィスと上海オフィスのネット中継会議

人物もいますから、彼女らに正しく日本製品の情報を伝えないといけません。これをオンラインのコミュニケーションを通じて行うのですから、その難易度は桁違いです。幸い、弊社にはこのコミュニケーションの取り方に対して特別な才能を持った人材がいるので、とてもうまくいっています。

ネットワークによるコミュニケーションだけでなく、実際に彼女たちを集め、日本へ来てもらって製品の良さを体験してもらうといった活動もしています。リアル体験から出てくる彼女たちの言葉や感覚を私たちに伝えてもらい、共有することで中国市場へ伝えていくポイントを絞ったり、時には中国人の心にググッとくるエキサイティングなニックネームやキャッチコピーが生まれたりすることもあります。
コミュニケーションを通じて共に信頼することが、最終的にクリエイティブな作業にもつながっていくのは大変意義深いことだと実感しています。

◇ビジネスはソリューションの提供だ

私どもの会社は日本と中国の特長をよく知り、それぞれの良いところを活かす方法を取り続けてきました。例えば、先ほどお話したインターネットを活用したコミュニケーション手法は中国のほうがよくできています。ですから、中国のコミュニケーションツールをフル活用することでコストをかけずに良好な情報共有を実現しています。

逆に日本の強みといえば安全安心と仕事のきめ細かさです。商品が圧倒的な信頼を得られるのも、真面目で秩序を重んじる日本ならではだと思います。日本式のビジネスの進め方は社員の教育に向いています。信頼を得ることができて、ミスが極力出ないようにするには最適な方法な模範といえるでしょう。

両方の良いとこ取りではありませんが、長所を活かしたビジネスを展開することで、少ない人数でもプロジェクトを効率よく進めています。海外とビジネスを進めるうえでこれはとても重要なことだと考えています。

私は中国人ですが、日本へ来てずいぶん経ちます。そんなこともあって、自分では東京で仕事

201712上海社員と旅行

をしていても自分が外国人だという意識はほとんどありません。そんな私はこれまでただただ一生懸命仕事をしてきました。そんな自分がこれから起業しようと考えているみなさまに伝えたいのは、「小さいことは気にせず、大らかな気持ちで物事にあたっていきましょう」ということです。

　例えば、中国人が日本製品は売れるからといって日本へ来てメーカーに頼んだからといってすぐには製品を卸してくれない。すると日本人は頭が固いと文句を言う。逆に日本人が中国でビジネスをしようとやってきて現地の中国人を雇ってみたら仕事にルーズだと文句を言う。お互いの国や人々の慣習や気質が違うのにそれを押しつける一方では絶対にうまくいきません。逆にその違いを楽しみながら受け入れられる人が最終的には勝者となることが多いのです。

例えば、日本のとある流通企業が中国へ進出しようとしたときに、どんな人物を送り出すか考え、結果的に「大バカ者」を選んで現地へ派遣したというエピソードがあります。有名な話なので知っている人も多いでしょうが、頭が良い人は先入観や固定概念が強いことが多く、自分と価値観が違う国では能力を発揮できないケースが多いといいます。逆に日本で大バカを演じられる人はそういった垣根を作らない人が多いため、文化が違っていてもそれを受け入れ、楽しみながらやっていけるものだという実例を作ったエピソードです。

ありのままを受け入れ、変化を楽しみながらそれに対応していく。相手に固定概念を押しつけるのではなく、相手のやり方に合わせて対応していく。もちろん、ポリシーである高い品質な製品を届けようという思いや丁寧な仕事へのこだわりは保ちつつ、物事がスムーズに動くよう試行錯誤を続ける。

ビジネスとは相手の問題を解決してあげることで報酬をもらうことです。ソリューションを提供するための努力はもちろん、対応力であたることが大切です。これから日本や外国でがんばろうという方はどうかこの心を忘れず、楽しみながら仕事に打ち込んでみて欲しいですね。

株式会社Z&H

「何でもできる」という強い自信を胸に ミャンマー食材のデリバリーで成功

代表取締役
ボ ボ チョウ

Profile

ミャンマーの高校で経済およびコンピューター学科を専攻、父の知人の日本人の仲介で日本の大学への進学に興味を持つ。エンジニアリング・工業に興味があったことから、日本工業大学への入学を決意、推薦テストを経て入学が決定。以降、日本語を勉強しながら、学位を取得する。卒業後、ビジネスへの興味から様々な職種を体験。飲食業を中心に経験を積み、2017年の4月に株式会社Z&Hを設立。順調な成長を続ける。

会社概要

《社名》株式会社Z&H
《所在地》東京都板橋区仲町39-3
《URL》http://zuuhein-jp.com/
《代表取締役》ボ ボ チョウ
《事業内容》・ミャンマー食品の輸入・販売
・自動車・家電製品の輸出
・旅行仲介

格言

色々と見て、やれると思ったら決心して、始めてから方法を探していくんです。とにかく考えたら実行して、それで経験を得る。いくら紙の上で考えても、やってみないとわからないじゃないですか。

株式会社Z&H　代表取締役　ボボ チョウ

◆父の仕事をきっかけに日本の大学へ

私はミャンマーで、経済やコンピューター、エンジニアなどに興味があって勉強をしていました。もともと日本へ行く予定ではなかったのですが、ちょうど父が仕事で日本人の方と知り合い、父から日本へ行ってみないかと相談を受けました。日本人の方はエンジニアのプロジェクトマネージャーで、彼の薦めもあって半年ほど日本語を勉強してから日本工業大学を目指したんです。まずは留学生別科で1年ほど日本語を学び、推薦試験を受けて2003年4月に入学しました。

それから4年後に就職し、2年ほど働いてから色々なアルバイトを経験しました。なかでも焼き肉屋では私が何でも知りたいと学ぶ姿勢を社長がとても評価してくださって、店長も任されました。ちょうどその頃から、昔に比べてビザの取得が容易になったため、日本には多くのミャンマー人が訪れるようになりました。店舗に来るミャンマーのお客さんから色々な話を聞いているうちに、彼らが抱えているさまざまなニーズを知りました。

私はもともとビジネスには興味があったので、機会があればチャレンジしたいといつも考えていました。そこで、このニーズを満たすためのビジネスを始めてみようと思ったのです。

◆開拓されていないビジネス分野へ進出し、成功をつかむ

ビジネスを始めようと思ってからは早かったです。まずは器がないと始まらないので会社を起

ち上げ、「株式会社Z&H」という社名を付けました。この社名は2人の息子の名前からとったものです。

Z&Hでは主にミャンマー食品の輸入・販売やデリバリー、日本製の自動車・家電製品などのミャンマーへの輸出、観光地やホテルの紹介といった日本旅行のサポートを行っています。

ミャンマーでは日本車がとても人気があるので取り扱っています。食品に関しては店舗を用意して、そこへ陳列、いわゆる店頭販売という形式のものから始めました。旅行サポートに関してですが、近年ではミャンマーの富裕層の観光客も増えてきているので、時には要人を案内することもあります。

ビジネスをスタートさせたのは2017年4月からですが、やはり外国人が会社を作るのは難しかったです。高田馬場や大塚にはミャンマーの飲食店が多くありますが、ミャンマー人が日本でお店を開こうと思ったら、皆さんまず料理屋を考えるようです。

しかし飲食店を経営してしまうとそちらに集中せざるを得ないため、他のビジネスができなくなってしまいます。おそらく多くの人は、自分の店だけで十分と考えているのでしょう。

そこで私は、日本人でも外国人でも利用しやすいようなミャンマーの食材を提供するお店を始めました。場所は東京都板橋区仲町という下町の雰囲気が残る地域です。最初はミャンマー人がいない場所で開店してもすぐ潰れてしまう、無理だろうと言われました。それでも私は自分のやり方でなんとかなると信じていました。

まず目を付けたのは、ミャンマーのお店で誰もやっていなかった食品のデリバリーサービスで

2017年にオープンした店舗「ZUU＆HEIN ASIAN FOOD STORE」

す。私のところで取り扱っている食品や飲料製品を電話で注文を受け、それを車でお届けするというやり方です。

車や免許など準備しなくてはいけないことがありますが、私も妻も運転ができるのでクリアできました。利用者は料理屋よりも個人の家が最も多く、故郷の料理を味わいたくてもお店に行く時間がないという人へ届けるととても喜ばれます。

日本ではデリバリーが盛んなので、こうしたらいいなと最初から考えていました。結果的にいうと、このサービスを取り入れてからは、売り上げは右肩上がりに伸びていています。やはり誰もやっていなかった分野であることが大きく影響しているのだろうと思います。

実は今、貿易の資格も取ろうと勉強していて、取得すればミャンマーの魚など、自分が狙ったものを入荷できるようになります。将来的にはタイ、ベトナムなども含めたアジア系のスーパーマーケットに育てていきたいと考えています。

◆苦労の末に掴んだ「自分は何でもできる」という自信

今はビジネスで忙しい日々を送っていますが、日本に来たばかりの頃は不安も大きかったです。学校が埼玉県にあったので学生時代はその近くに住んでいましたが、その頃はとにかく苦労の連続でした。

ミャンマーにいた時も学生でしたが、その時は何でも父がやってくれました。しかしここでは誰も手を貸してくれないので自分でやるしかないのです。それこそ来日した当初は日本人の友人はいてもミャンマーの友人はいません。親戚もいませんから一人きりで寂しいと思うこともありました。

また、金銭的にも余裕が無かったのですが、朝9時から夜8時まで勉強していたのでアルバイトもなかなかできません。仕方なく両親からの協力や、土日に東京へ出てアルバイトをしながら節約した生活を送っていました。これを4年間繰り返してきたのです。

ですが、そんな苦労も悪いことばかりでなく、それを乗り越えて日本で過ごすうちに「自分がやろうと思えば、なんでもできる。自分がやるしかない」という自信が生まれてきたように思います。大学時代にスピーチ大会があって、そんな思いを「日本に来てから変わったこと」というタイトルに込めて話をしたら賞を貰いました。思えば日本での本当のチャレンジはそこから始まったのでしょう。

現在、不安はありませんし、逆に自信をもって人生が過ごせています。諦めてミャンマーに帰ってしまっていたら、自分の人生はまた変わっていたでしょう。

それに加えて私の人生にとって最大の幸せは妻との出会いです。彼女も学生時代から日本に来ていて、結婚してからもずっと一緒に頑張ってきました。当時の苦労も知っていますし、今でも支え続けてくれています。自分が何かをやろうとした時、妻が何でも協力してくれて、付いてきてくれるのはとても心強いです。そして、ビジネスの成功や失敗に関係なく、まずは「いいよ、やりたいことをやってみよう」と背中を押してくれます。デリバリーでもスタッフは雇わずに自分たちだけで行っていて、私が忙しい時は妻が何軒も回ってくれます。子供の面倒も見ながらお店も見てくれて妻には本当に感謝していますし、彼女がいなければここまでできなかったと思います。

夫婦で協力し合いながらビジネスを
盛り上げていく

◇ビジネスを通じた「人との繋がり」を大切に

学生時代から現在まで、様々な経験をしたり、結婚をして子供が生まれたり、ビジネスを始めたりと実に忙しい日々を送ってきました。そのため、ミャンマーには13年くらい帰ることができないでいたのも事実です。

しかし、ここ1~2年ぐらいから少し余裕が出てきたのか、帰れるようになって直接自分の目でミャンマーの情報を収集できるようになりました。その結果、何をやればいいかが見えてきた気がします。自分ならこうする、こうしたいというアイデアがどんどん出てきて「何をやったら売れそう」というインスピレーションを感じています。

例えばその一つに日本製のテレビや冷蔵庫といった家電の輸出業があります。これを実現できるように、日本で古物商の免許も取りました。また、ミャンマーでスーパーマーケットを開くのも目標です。実は、このための視察を現在行っているところで、妻もこの事業を後押ししてくれています。

こうした動きと連動させて、将来的には日本でミャンマーのグループ会社のようなものも作りたいですね。若者をはじめとして仕事がしたい人同士で繋がりを作っていき、両国の架け橋みたいな団体に育てたいと思っています。

ミャンマーにも「日本でビジネスをしたい」という空気はとてもありますし、ミャンマーに進出してくる日本企業も多くなりました。ミャンマーでは私たちが持ち込む日本の製品やサービスを待っている人が大勢いますから、そうした人たちも探して繋がっていきたいですね。

そのためにも、まずは信用を得ることが大事だと思います。誰とも顔を合わせず会社を運営するのではなく、私自身が表に立ってどんどん人と繋がる姿勢をみせないと誰も私を知ってくれませんし、話をするだけで終わってしまうでしょう。

信頼を得て、夢を実現する力をつける。以前読んだ本に書かれていた、英語で不可能という意味の「impossible」を「I,m」と「possible」に分けると「私は何でもできる」に変わるというエピソードがありますが、この考え方が私はとても大好きです。ビジネス成功への道のりは簡単ではありませんが、努力を惜しまず取り組んでいきたいです。

現在、日本でビジネスを始めてからも、黒字が大きいというわけではありませんが赤字は出ていません。ミャンマーではこうしたビジネスのやり方をまだやっていない人もいますから、日本のやり方をミャンマーにも伝えたいですね。

日本でビジネスを始めようとした際、すごく厳しい部分と、そうでない部分の両方があると感じました。同様に、日本の方がミャンマーでビジネスをしようとすれば同じような感覚を持つのかも知れません。

結局のところ国は関係なく、良い部分は積極的に取り入れながら、自分のやりたいことを最後までやるかどうかだと思います。今は本当にビジネスが楽しくて仕方ないので、スタートして良かったと思っています。卒業後、すぐに始めればあと2~3年早くビジネスを始められたと思うこともありますが、これはちょっと欲張りですかね。その間色々と経験を積んでいたからこそ、失敗を減らせているのかも知れません。

ミャンマーで有名な人に、ミャンマーで一番のお金持ちといわれているマックスミャンマーグループ（Max Myanmar Group）を率いるゾーゾー氏（Ｚａｗ）がいます。彼も日本に来日したことがあり、昔はアルバイトから始まったような貧乏な人でした。それが今ではみずほ銀行など大手銀行から声がかかるほどの要人となったので、彼の著書を読んだ時には勇気が出ました。ゾーゾー氏にできることは、きっと自分にもできる。彼ほどまでになれるかは分かりませんが、負けずに全力で頑張りたいと思います。

◆自分自身だけではなく、子供のため、家族のために奮起

ビジネスの成功を考えたとき、まず「自分が何をやりたいか」をしっかりと決めてから会社を作ったほうが順調にいくと思います。会社を作ったのに自分が何をしたいかが決まっていないとなると、時間を無駄にしてしまいます。会社を作ることを目的とせず、自分がやりたいことのために会社を作る。これが大切だと思います。

日本流のビジネスは最初からきちんと計算をして、プランを立て進めていく固いイメージがあります。ミャンマーは決心したらすぐ始めてしまって、赤字や黒字をあまり考えません。どちらが良いか悪いかはわかりませんが、待っていられないんです。色々と見て、やれると思ったら決心して、始めてから方法を探していくんです。とにかく考えたら実行して、それで経験を得る。

日本だけでなく、ミャンマーでも新しいビジネスを始めるプランを計画中

いくら紙の上で考えても、やってみないとわからないじゃないですか。だめでも「だめだった」という経験になりますから、そこは反省してやり直せばよいのです。

私よりも6カ月ほど前に来日した友人は、現在、リサイクルショップを運営しています。彼も最初は怖がっていましたが、今では家を買えるほどに成長しました。自信をつけて自分を信じれば何でもできるんです。

自分が成長したいのであれば、スタッフやアルバイトをしても何にもなりません。雇われている状態では、雇われたままで終わってしまいます。私の子供時代、ミャンマーの学校では「誰それの息子」という言い方をよくしていました。例えば成功者の子供という意味で「ゾーゾーの息子」と言われれば、その子はうれしいでしょう。それと同じように、私の子供たちにも「私の息子」であることを誇りに思ってほしいですし、私の成長や人生の足跡を見せてあげたい。ビジネスを始めるのは大変ですが、成功すれば、子供や家族は楽になります。会社があれば自分が引退しても子供に跡を継いでもらうこともできますし、その幸せは周囲にもよい影響を与えるはずです。これから起業するみなさんも、自分のため、子供のため、家族のためにもぜひ頑張ってみてください。

株式会社BCC

ジャパンドリームを求めて日本へ留学 投資の重要性を説く ファイナンシャルプランナーの道へ

代表
簡　麗芳

台湾で国際貿易や経済学を学び、2002年に来日し日本電子専門学校へ入学。ITソフト会社を経て2008年3月に産業用インクジェット製品メーカーに転職し、研究開発、海外営業、品質保証などに従事。2017年にマルチリンガルのファイナンシャルプランナーとして独立起業し、活動の場を広げる。

Profile

会社概要

《社名》株式会社BCC

《所在地》東京都渋谷区代々木2-23-1 NSM418

《URL》https://www.bcc-inc.jp/

《代表》簡 麗芳

《事業内容》・ファイナンシャルプランニング
・ITコンサルティング
・スカラシップ・アドバイザー

格言

私は投資という言葉がない人生は考えられません。投資には知識が大事ですが、それは盲目的に何かについていくことではなく、正しいことと正しくないことの知識を身に着けることと、きちんと行動することが大事だと思います。

株式会社ＢＣＣ　代表　簡　麗芳

◇ビジネス系の専門学校を経て日本で就職

私は1981年に台湾で生まれ、当時日本はまだバブルの時期で経済が発展していました。上の年代からは日本が台湾を統治した時代の話も聞きましたが、両親や祖父母からは「日本は経済も人もすごく良い」という話を聞いて育ちました。中学校頃は日本のドラマがほぼリアルタイムに放映されていて、受験勉強の息抜きとして日本のテレビ番組を見る中で「卒業したら行きたいな」と心の中で考えていました。

中学校を卒業して、私はあえて高校に行かずに5年制の高等専門学校を選びました。理由は中学校の受験勉強がとても大変で、辛い思いをしたからです。将来のために熱心に指導してくれているのはわかっていたんですけど、当時はやはり辛かったですね。そうした受験勉強を二度としたくないという思いからでしたが、卒業してすぐに役立つ専門スキルを身に着けられるような高等専門学校に入りました。

日本には工業系ばかりですが台湾にはビジネス系の専門学校があって、私は国際貿易と経済を専攻していました。国際貿易なので英語は第二外国語として勉強し、日本語やスペイン語も学びました。日本では大学を出て商社に入ってビジネスマンになる人が多いですが、私の在籍していた学校は卒業後に起業している人や政治家になっている人が多いですね。当時、日本語能力試験というものがあり、日本に留学するときの基準となっていた1級に合格したので留学を決めました。

未来を担う若者向けに起業セミナーなども実施

台湾の卒業シーズンは6月です。日本への留学まで半年以上あったため、いったん家から近い場所にあるとあるメーカーへ就職したのですが、エンジニアの橋渡しのような、日本とやり取りがある仕事で日本語も使う機会がありました。今思えばこのときは、現在の準備期間のようなものだったかもしれません。

就職した会社は技術者が多く、エンジニアたちの仕事を見て「単純に日本語ができるだけじゃなくて、専門性を持っていないといけない」と思いました。当時はＩＴという言葉が流行していたので、台北市内で行われた留学フェアで出会った日本電子専門学校の広報部部長たちの一言で、日本で電子系の専門学校で勉強するのが自分に一番役立つのではないかと思い、日本電子専門学校に入学を

ビジネスマン向けのセミナーにも登壇

決めました。２年制の専門学校で、２００２年に来日して２００４年に卒業しました。

　卒業後はＮＴＴドコモへの入社を目指しました。将来的に携帯電話が人々の生活を変えると信じ、一人一台のような時代がくると思っていたからです。そこで当時キャリアの中で最も大きな企業だったＮＴＴドコモに入りたい一心で、日本では就職氷河期と呼ばれていた２００３年に就職活動を行いました。

　私は裕福な家庭の留学生ではないので、アルバイトをしながら学校に行って論文も書いて、という生活でした。早く内定が貰いたくて就職活動も早めに活動をし始めましたが、当時は留学生という響きはあまり受け入れられず、東南アジアなどから来ている留学生はまだそれほど重宝されていない時代でした。NTTドコモを受けた際に運よく最終面接まで行き、学校の就職センターで通知されるくらいでしたが、残念ながら採用には至りませんでした。それでも日本で働きたい、勉強したものは活かしたいという気持ちで、渋谷のあるソフトウェア会社に内定をもらいました。

2008年に景気が良くなり、世の中が売り手市場になりました。その時、大企業は仕事を与えるのが仕事で、中小企業は受けることしかできないのかと感じたのです。それなら私は仕事を与えるような大きなメーカーに行きたいと思い、売り手市場となった今を逃したら二度とタイミングがこないだろうと産業用インクジェット製品メーカーに転職しました。ここで研究開発、海外営業、品質保証などの部署を経験し、2017年にファイナンシャルプランナー（FP）として独立起業しました。

◆人の役に立ちたいという思いからファイナンシャルプランナーへ

以前勤めていたインクジェット製品メーカーでは、30歳前の若手に対して定年まで働くというよりも、自分の10年後を見据えた上でどのようにキャリアを作っていきたいか、といったような人生設計をしてほしいと思っていたようです。

以前に企業内でキャリアデザイン研修があった際、私は3つのプランを考えていました。一つは独立することです。独立というのは、例えば日本でインクジェット関連の販社として独立してもいいし、台湾で作ってもいいでしょう。もう一つはインクジェット関連のスペシャリストになって、他の会社に行くということ。そしてもう一つがファイナンシャルプランナー（ＦＰ）です。

私は留学生の時に貧しい時代を経験したからこそ、将来豊かになりたいという気持ちを強く持ちました。というのも、自分自身が豊かになれば人を助けられるようになれるからです。10年後となる２０１７年、独立を考えた時にどのような道に進むかと振り返ってみたところ、今まで学んだこと、実践してきたことに対して、一番経験を活かせるのがＦＰだと思いました。

両親からの教育の影響だと思いますが、不動産にも興味があったこともＦＰを選んだ理由です。留学生として来日した時は日本の住環境をまったく知らず、お金もないなかで最初に見つけた不動産に所持金の半分以上を費やしてしまいました。敷金や礼金、仲介手数料について何も知らなかったのです。

中国語には安心して暮らし、仕事を楽しむというような「安居樂業」という言葉があります。家を持ち、住むところが安定していれば自分の仕事もきちんとこなしていけます。住む場所を選ぶということは、その人の性格や交友関係にまで大きく影響するほど重要なものなのです。

私は日本の永住権も取得していますが、まずは自分の家を買うよりも投資をしようと思いました。そこで不動産を買って家賃収入を得るという生活をすることにしたのです。要はサラリーマンをしながら副収入があるという状態です。

会社員としてレバレッジをきかせて二件目、三件目と買っていく中で、不動産会社から「ぜひ講師として日本人に話をしてくれないか」と不動産投資セミナーの講師を請け負うようになりました。

不動産投資セミナーの講師として登壇したときは、一体験者としての話をしているだけでしたが、参加者からのアンケートで「勇気を貰えた」という方がいらっしゃいました。自分自身がやりたいことをやっただけなのに、誰か勇気を与えられるのだと嬉しく思いました。しかしその頃は体験談を話しだけで、まだFPの知識は全然ありませんでした。そして、もし自分に税金や年金、金融、相続といった幅広いFPの知識があればもっと人の役に立つ仕事ができるのではないかと思い、そんな仕事に就きたいと思ってFPの道を選びました。

◆日本と台湾のビジネス意識の差

日本では大企業になるほどごく小さな決定でも事前に関係者に根回しをして、個別に意見を伺わないといけません。ミーティングの時にいきなり提案したら何も聞いてないという顔をされてしまします。

台湾の大企業は勤めたことがないのでわかりませんが、台湾の中小企業と日本の中小企業はそれほど感覚に違いはないよう思います。技術者が集まっていてモノづくりが好きな集団ですから、根回しのようなものに時間や労力を割く必要はなかったのです。

台湾の人は関西の方に似てせっかちで、欧米の文化の影響も強いので、まずはイエス・ノーをはっきりさせたがります。あいまいな言葉はあまり好みません。例えば日本でいう「前向きに検討します」というニュアンスは、イエスに近いノーか、ノーに近いイエスなのか探りながらになりますね。何回か打ち合わせをしてやっとイエスをもらうように、時間がかかります。中小企業はまだ危機感をもってアグレッシブに動いていますが、こうした意識の差は大きな違いだと思います。

海外のビジネスでは、やはり言葉に苦労するでしょう。いくら日本語が堪能でも「日本人の感覚がつかめてない部分があるよ」と言われるんですが、自分ではどこか分からない。そうしたニュアンスの理解もビジネスセンスかもしれません。私は台湾出身で漢字の国から来ていますから、日本の漢字とは形も似ているし、意味がなんとなく分かります。その分、漢字を使っていないような他の国の人は苦労すると思います。

◆ファイナンシャルプランナーとして投資の重要性を啓発

今はFPとして、気軽に相談される先生でいたいと思っています。日本ではあらかじめ誰かへ相談するためにお金を払うという習慣がなく、もう見えている問題があるから弁護士や税理士に相談しに行くという場合が大半です。

FPは将来の夢を描き、それを実現するために一緒に手助けする、アドバイスするような仕事だと思っています。困っていたらもう弁護士を紹介するしかないですから、困っていないうちに将来もっと豊かになるように、あるいはもっと自分の夢を一緒に実現できるようなお話ができるとよいと思います。

ＦＰという仕事は欧米と比べ、日本の皆さんには、まだ定着していません。保険会社の営業とか、不動産会社の営業だと思われてしまいがちなのがネックで、ビジネスとして軌道に乗せるのはまだまだ道のりが長いと考えています。

そこで、ＦＰとして投資の大切さを広めるために勉強会を開催しています。投資をして自分の勤労収入以外にもう一つ収入があると人生が変わります。自分が何もしなくてもお金を生んでくれるようなものがあると余裕ができるのです。

私もお金があって不動産を買ったわけではなくて、お金がないからこそ会社員としての信用があるうちにレバレッジで銀行から融資を受けて買いました。留学も家からお金を用意されたわけではなくジャパンドリームを抱いていたからこそ、お金がなくても行きたいと思いました。

投資はお金を持っているから行うのではなく、ないからこそ増やすための手段だと思います。不動産を買うのはお金持ちしかできないことではなくて、普通のサラリーマンでも出来る話なので、偏見、あるいは先入観をもたずにやると世界が広がると思います。

私は投資という言葉がない人生は考えられません。投資には知識が大事ですが、それは盲目的に何かについていくことではなく、正しいことと正しくないことの知識を身に着けることと、きちんと行動することが大事だと思います。

◆スカラシップ・アドバイザーとして学生の金融教育をサポート

私はFP協会に認定されているアフィリエイテッドファイナンシャルプランナー（AFP）の資格をもっていますが、そのほかにFP協会と学生向けに奨学金を融資している日本学生支援機構（JASSO）が連携して推進しているスカラシップ・アドバイザーという資格にも認定されました。

日本の大学生は二人に一人が奨学金を借りて大学に行っていますが、学校では金融教育を全く行っていません。お金の知識がないため、借金がどういう意味なのか、社会人になった時に返済をしないといけないということが分かっていないため未納額が増えているんですよ。だからこそFPがスカラシップ・アドバイザーとして、高校を訪れて奨学金制度はこういうものだとか、借金とはいっても自分への投資だと思ってほしいと説明をします。自分がいくら借りたのか、社会人になった十数年間で返すことはしっかり覚えさせるのがスカラシップ・アドバイザーですね。

社会に出たらマイナスからのスタートですが、大学に行く・行かないで生涯で稼げるお金は大きく変わります。お金がないから大学に行かないのではなく、色々な支援をきちんと理解してお金を借りて、大学に行くことができるというのは貧しい家庭にこそ与えられた夢です。

できたばかりの制度なので、まだ活動はそれほどできておらず、模索する日々が続いています。また、高校から要請があって初めて派遣させるので、高校からの要請がないと勝手に伺うことはできません。私は知人の高校の先生にお願いをして、名古屋の滝高等学校という進学校で金融教

スカラシップ・アドバイザーとして滝高等学校で金融教育を行う

育をはじめさせてもらっています。裕福なご家庭で育った生徒が多くいらっしゃいますが、何となくではなく自分の目標をもって自分の人生やお金の設計ができるように外部講師として金融教育をさせてもらっています。今後は社会人向けだけでなく、こうした学校の中で金融教育を行う機会を増やしていきたいと思っています。

私は16年前に日本に来たときの初心を忘れずにいるので、これから起業を目指す方にも「初心を忘れずに突き進め」とお伝えしたいですね。毎日走り続けることが大切だと思います。

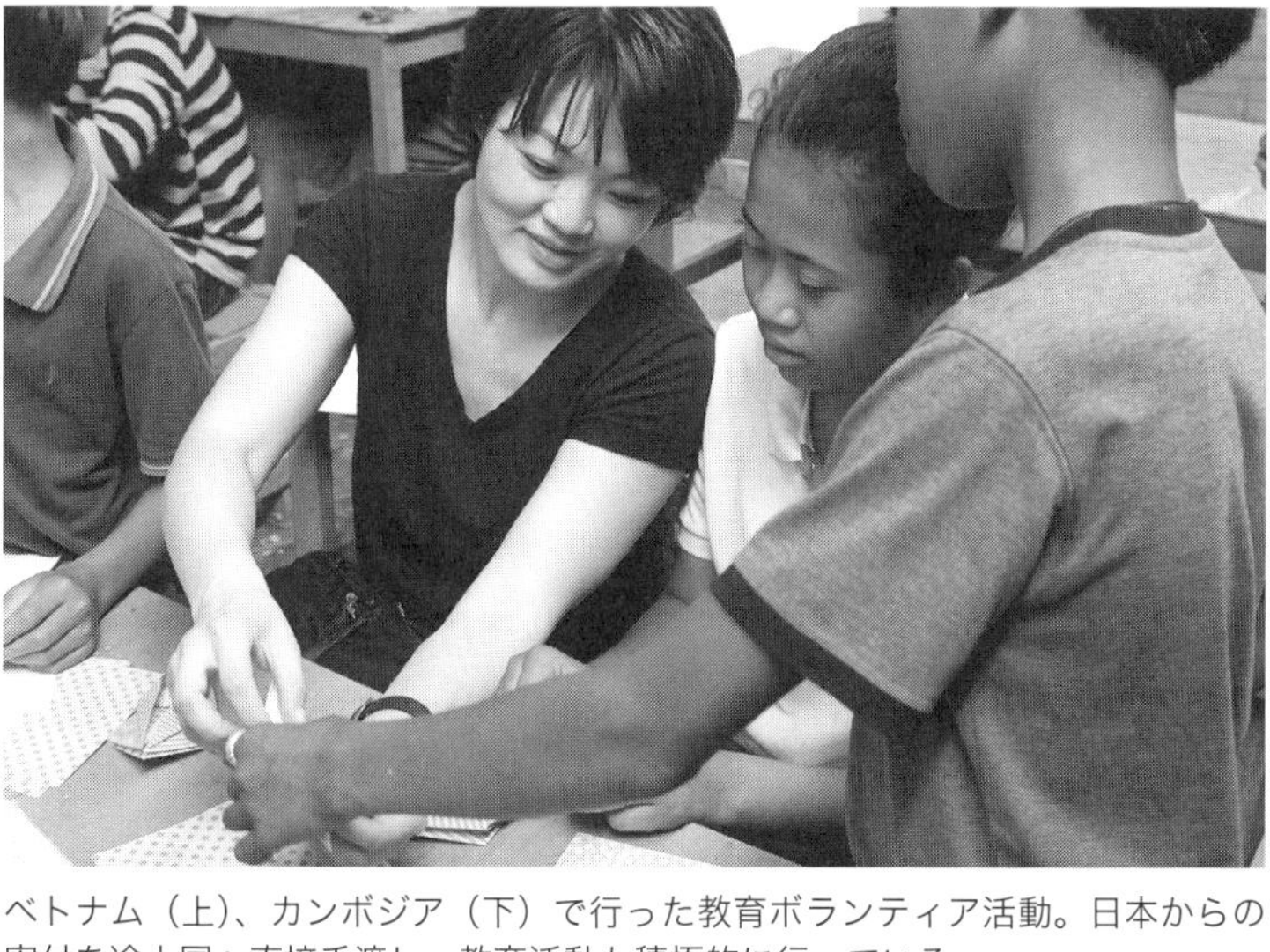

ベトナム（上)、カンボジア（下）で行った教育ボランティア活動。日本からの寄付を途上国へ直接手渡し、教育活動も積極的に行っている

株式会社JTCM

ビジネスで日中交流を活性化 異文化への理解と良質のサービスで未来を拓く

取締役
松本　一博

Profile

株式会社JTCM 取締役
1990年に中国湖北省に生まれる。10歳のときに来日、その後帰化して義務教育を経て関西大学文学部へ入学。在学中に1年間の北京留学を経験、中国の雑誌「知日」「在日本」などの制作に携わる。帰国、卒業後は株式会社バッファローへ入社、生産管理業務を経験後、退社。2016年に株式会社JTCMを設立。日用雑貨、アパレルをメイン商材にビジネスを展開。中国江苏省にも海外拠点を設立、日中の架け橋として活躍の幅を拡大している。

会社概要

《社名》株式会社JTCM
《所在地》大阪府淀川区宮原4-4-64新大阪千代田ビル9階
《URL》http://jtcm-ltd.jp/
《代表》松本まり氏
《事業内容》アパレル・生活日用雑貨・ノベルティグッズの企画・生産・卸・販売

格言

良いサービスが提供できなければ、お客様がその会社を選ぶ理由はなくなる時代が来ているのです。良いサービスを提供していくにはまず人の考え方を変えていかないといけません。

株式会社ＪＴＣＭ　取締役　松本一博

◇メイド・イン・チャイナの可能性を信じて起業

私は中国で生まれ、幼い頃に日本へ移住。帰化して日本人として学業を修め、大学へ進学し、そのまま大手企業へ就職しました。そこでは生産管理部門でビジネスを学び、2年後に退社。その後、100円ショップの大手企業へ移籍したのですが、私としてはもっと大きなチャンスがあるのではないかと常に考えていました。

そのチャンスを感じる背景となったのが、「メイド・イン・チャイナ」の存在です。日本人は電化製品に代表されるように自国の製品が大好きです。その裏には高品質や日本人らしいアイデア溢れるモノづくりの精神などがあるのは理解しています。しかし、メイド・イン・チャイナも品質を上げ、良品を日本のみなさんに届けられるようになれば、イメージをもっと変えられるのではないかと思ったのです。

また、社会的に価格競争が厳しくなっていますが、これを続けていくのはそろそろ限界です。ほんの数年前、中国が世界の工場と呼ばれていた頃は、中国の工場で製品を生産し、中国の商社がそれを買い取って、日本の商社へ引き渡す。日本の商社はそれを日本のメーカーへ納める。大まかには、こういう図式だったと思います。

しかし、中国の留学生の雇用をはじめ、外国人雇用者が増加しています。これによって、日本のメーカーは日本の商社や代理店の存在を考えなくても、中国の工場や商社と直接やり取りができるようになります。すなわち、日本の商社や代理店は近い将来、中国との窓口としての意味を

無くしてしまうと考えました。
　私はこの二つの観点から２０１６年に日本で株式会社ＪＴＣＭを起業しました。さらに翌年の２０１７年には中国の江苏省に現地法人を設立。こちらでは早速、日本のお客様との直接取引が始まっています。
　日本のＪＴＣＭ、中国のＪＴＣＭの二つの拠点でビジネスをやっていますが、役割として日本拠点は企画やデザイン、在庫管理などが主な業務です。そして中国拠点では、企画を商品化し、工場や商社と直接やり取りをして日本企業との橋渡しをする役割があります。

◇異文化への理解が必要

応援していただいている企業やメーカーなどのお客様のおかげで順調なスタートでしたが、もちろん既存のお客様だけでは会社として成長できません。営業活動にも力を入れていますが、やはりそれなりの苦労もついて回ります。

特に感じるのは、幼い頃から日本人として育ってきた私ですが、純粋な日本人からみるとやはり外国人なんだなと思うところです。例えば、初めてお会いするお客様とお話をした際に、外国人経営者とは取引しない、あるいは日本人の担当者を呼んで来いなどと言われたこともあります。そこまでいかなくとも、一歩引いて壁を置かれている感じがすることは割と多かったように思います。

また、中国にも違いを感じる部分はあります。私は大手企業にいるときに日本流の仕事のやり方は学んだのですが、中国は未だに発展途上の国ということもあって、人の管理には苦労しています。

例えばモノづくりの面では、日本人は品質を重視しますが、中国人はオーダーをなるべく多く受けたいという心理が働くのでスピード重視です。ですが人の面でいくとこれが逆になり、中国人はどちらかというとマイペースであり、日本人はスピーディーな対応を求めます。

逆に中国人には日本流の仕事の進め方を学ばせる必要があると思っております。先ほどの例のとおり、それぞれのビジネスにも異文化が存在します。だからといって放置してはいけませんか

中国事務所のサンプル室

ら、私は自社の中国人従業員には日本流のやり方を学んでもらっています。

まず、日本では当たり前の「ホウレンソウ」の徹底です。報告、連絡、相談はビジネスを進める上で欠かせないコミュニケーションですが、中国ではこの常識がありません。納期の確認のメールが届いても、中々返事をしてくれません。これはわざとではなく、その習慣がないからです。問題が起った時に報告をせず、どちらかというと問題が起こった後、どうにもならなくなってから許容してもらうのが中国人のやり方です。それでは日本人にとってはもはや手遅れ状態になってしまいます。

私は、「何があってもすぐに報告しなさい。相談しながら進めれば問題が起こっても相手に理解してもらえるし、対応もできる」と従業員に教えています。逆に日本人の従業員には中国人のそういった気質も理解するように求めており、誘導させることが大事だと伝えています。考え方や文化の違いということを理解すれば、なぜメールの返事が来ないのか把握することができるようになります。

これらの違いを「異文化」と言ったりしますが、これをどう捉えるかでビジネスがどうなるかも見えてきます。日本人が外国人を嫌がるのは、異なる文化の受け入れに抵抗を示しているのだと思います。しかし、今後の日本は外国人を受け入れていかないと成り立たなくなる可能性さえあります。日本人も中国人も外国人とのビジネスを受け入れられるか否かで、今後の発展と衰退が決まっていくのだと思います。

◇〝外国人〟を上手に活用

先ほど外国人雇用が増えているというお話をしましたが、異文化を克服するカギもそこにあると思います。異文化を受け入れられない多くの人が最初に感じるのは、言語の違いでしょう。私自身は中国語も話せますが、日本で義務教育を終えているので、両国間で言語の壁を感じたことはありません。そもそも言語は単なる交流の手段でしかなく、わからないからといって異文化を拒絶する理由にもならないほどのものだと思っているぐらいです。

例えば、現在の日本には多くの外国人留学生がいます。その外国人のおそらく大半は中国人なはずです。彼らを上手に活かすことで、言語の壁や異文化を理解できる大きなきっかけとなります。

異文化を受け入れられない人の中には、民族性も甘受できないというケースもあるのは非常に悲しいことです。私が特に気にしているのはある若いスポーツ選手のことです。まだ中学生の彼が日本でトップクラスの選手に育ったのは喜ばしいことで、マスコミも当初は大いに盛り上げていました。しかし、母親が中国人であることがわかった頃から、一部の人が彼を叩き出したのです。立ち振る舞いが気に入らない。相手に対する礼儀が無い等々、非難が

いつも眺めている発展する中国上海の風景

集まりました。

相手はまだ中学生です。人間としてはまだまだ成熟してはいません。両親の躾を非難することはあっても、彼にそれを転嫁するのは間違えています。もし異文化を受け入れる心があれば、彼には教えを与えてあげるべきところです。「こうするのが礼儀だよ」「相手のことも思いやってあげよう」と教えれば、彼も理解し、成長することができます。彼の成長は日本にとっても宝になるはずなのに、一方的に異文化の因子を毛嫌いするのはもったいないとしかいいようがありません。

中国にしても同じです。テレビでは抗日ドラマ（日本が悪役となり、中国人がこれを倒すという内容）ばかりで、日本のことを良く思う人は少ないのが実情でした。

〝でした〟と過去形にしたのには理由があります。良く思っていないのに日本に行きたいと思う中国人が大挙して来日した、いわゆる「爆買い」は、一つの社会現象にもなったほどです。実はこれのきっかけになったのは在日中国人の情報発信です。彼女達が日本の良い製品や日本の良い部分を、盛んに中国語で発信し続けていたからなのです。

中国語で発信された日本の情報を受け取った中国人は、日本の商品やサービスに触れたくなり、盛んに日本に訪れたことはみなさんの記憶にも新しいところでしょう。このブームは今でも続いていて、抗日ドラマの効果は薄く、日本人気は上がっていく一方です。

では、日本側はどうでしょう?中国で暮らしている日本人が中国の良さを発信してくれている気配はありません。また、日本人の中に中国に触れてみたいと思う人もそれほど多くはありません。ほとんどは中国に来て中国を好きになった日本人であり、最初は誰もが抵抗感を感じます。

政治では度々ぶつかり合いますし、両国のマスコミもこれを煽るように報道します。しかし、多くの中国人は異文化を理解し始めているので、今では日本に対して悪い印象を持っている人の方が少なくなっていると感じています。

日本人は中国人に対し、抵抗から入るのではなく、中国の良いところも見て欲しいと思います。まずは、少しでも中国に興味を持ってもらえれば異文化への印象も変わっていくのだと信じています。

◇サービスの向上がこれからの課題

これからの日中ビジネスについては少し思うところがあります。例えば商品を作るということだけを考えるのであれば、それはどこの国の工場でも製造できますし、どの国の商社でも扱うことができるでしょう。そんな現状の中、今後はどこに勝負のポイントがあるかというと、それは「サービス」です。

日本の企業に注文が集まるのは高品質のサービスがあるからだと思っています。品質の高い製品があり、信頼性も高い。納期もきちんと守ってくれる。そういうサービスが得られるからこそ日本は優れていると言われているのです。

私どもの会社はこのサービスを丸ごと中国へ持ってきて、お客様のコストを節約しながら良質のサービスを提供することを理念として掲げています。実はこうした企業理念という考え方自体を、中国企業は持たないまま発展を続けています。社会が未熟なうちはそれでも通用しましたが、これから品質や価格競争の上に、サービスが加わると分析しています。良いサービスが提供できなければ、お客様がその会社を選ぶ理由はなくなる時代が来ているのです。

良いサービスを提供していくにはまず人の考え方を変えていかないといけません。例えば接客という部分でもそれは当てはまります。

以前、私が大企業に勤めていたときにも中国へは度々訪れていましたが、その時はお客として中国の会社へ出向いていました。中国ではお茶を出すことが多いのですが、暑い日に冷たいお茶ではなく、ぬるいお茶が出てきます。決してわざとではないですが、彼たちは相手よりも自分の習慣で接待を行います。このことを経験した私にとって、自分がお客様を出迎えるときのことを考えさせてくれます。

私は中国の拠点に来られる日本のお客様に対し、暑い日なら冷たい飲み物、寒い日なら暖かい缶コーヒーやお茶をお出しするようにしています。中国にはコーヒーを飲む文化もないですし、お茶を冷やして出すこともしません。でも、日本人ならこうしたちょっとした心遣いがとてもうれしく感じるはずなのです。

この様子は中国拠点の現地従業員も見ています。それを繰り返していれば、いつか「なぜそんなことをするのか」を理解してもらえると信じているからです。彼らに学んで欲しいのは人と人との気遣いです。相手にとってどのように工夫すればやりやすくできるか、どのようにすれば喜ぶのか常に考えることで人と人との心が繋がり、ビジネスも繋がっていくのだと思っています。

◆失敗から学び、両国のビジネスを活性化させる

かつて日本の大手企業が次々と中国へ進出しましたが、多くは失敗に終わっています。なぜ失敗したのか私なりに分析してみると、やはり異文化への対応ができなかったからだということに行きつくのです。中国人の考え方、中国人のやり方、これを理解しないうちに資本を投入していった結果、何も残らなかったのです。

ではどうすればいいか。日本には日本の良さがあるように、中国には中国の良さがあります。ビジネスの進め方は中国が日本に学べば良いサービスが提供できるようになるでしょうし、日本がこの巨大市場を相手にするにはまず中国をもっとよく知るべきでしょう。

かつての中国人は、「あったら嬉しい」という時代から、今では「あれば十分」という時代に来ています。今後は「満足したい」と思うようになるはずです。これは先ほど触れたサービスへの欲求に繋がり、中国国内のビジネスにもサービスを扱う業種が出始めています。これは大きなビジネスチャンスになると思います。訪日する中国人が増えることにより、彼たちが日本のサービスや文化を体験することで、考え方も変わっていきます。

私たちＪＴＣＭも日本で、そして中国で、日本の得意先を始め、消費者に良質な製品を届けることを大前提にして、企業の方々にも満足していただけるサービスを提供していきたいと思います。また、中国市場のさらなる発展も見据え、これからは両国にとってより良いビジネスを展開するための架け橋として活動していきたいと思っています。

これから日本と海外を舞台に起業を考えている人は、異文化への理解を忘れずに、高品質なサービスが提供できるよう頑張ってください

株式会社 VTM

苦労の連続だった日本での起業
確かな技術力で受託から
自社製品・サービス提供まで
ビジネスを展開

代表取締役社長
ホー・フィ・クーン

1994年に日本へ留学を決意。調布の電気通信大学へ入学。電子工学科を経て、大学院、経営専攻の修士を卒業。その後は古河電工へ就職。同社ネットワーク研究所で約3年就業した後に、起業を決意。プログラミング業務の委託をメイン業務とする株式会社VTMを設立、社長に就任。現在ではVRとAIのサービス提供会社会社ViZO株式会社の運営も行っており、2社のトップとして活躍を続けている。

Profile

会社概要

《社名》株式会社VTM

《所在地》神奈川県川崎市川崎区宮前町8-11 第５平沼ビル202

《URL》http://www.vtm.co.jp/

《代表取締役社長》ホー・フィ・クーン

《事業内容》・業務システム開発・構築
・モバイルアプリケーション・システム開発
・モバイルゲーム・アプリサービス展開

格言

何を持って会社が軌道に乗っているかと判断するよりも、どんなタイミングで「自信」が持てるかというところが勝負なのです。

株式会社ＶＴＭ　代表取締役社長　ホー・フィ・クーン

◇ニーズの波の中で起業を決意

ベトナムで生まれ育った私ですが、ベトナムで学んだあとに1994年に日本への留学を決意しました。最初に日本語学校で2年間この国の言葉を学び、電気通信大学で電子工学科を専攻しました。その後、大学院、経営専攻の修士卒業し、古河電工に就職しました。ネットワーク研究所に配属が決まり、基幹ルータソフトウェアの開発などを中心に活動し、約3年間勤めていました。

就職してしばらくすると起業してみたくなりました。日本で学び、日本の企業での経験もあると、通常では母国へ戻ってそこで起業、会社が軌道に乗ったら、日本やほかの外国へも拠点を作るといったケースが多いと思います。しかし、私はその当時、その逆のパターンで、日本で会社を作って、母国に拠点を持つというやり方に挑戦してみたいと思ったのです。

最初に会社を作るときは非常に悩みました。というのも、私はもともとモノづくりが好きで、そうした理由から企業でも研究所勤務を志願したほどです。

しかし、起業を決意した2004年はケータイ電話が大流行しており、その中で現在のモバイルサービスベンダーの多くが急成長していた時期だったのです。そうしたベンダーが大活躍していた時代ですから、ソフトウェア開発の需要も急激に伸び、海外へプログラミングを発注するオフショア事業も成長著しい分野でした。当時はまだ、ベトナムでオフショアビジネスをやっている人も少なかったこともあって、最終的に選んだ業務が受託開発事業だったのです。

そこで起ち上げたのが、現在の株式会社VTMです。このVTMはそれぞれ「ベトナム」「テ

2004年に設立された株式会社VTM。ベトナムと日本をビジネスで結ぶ重要な役割を担っている

クノロジー」「メイト」という言葉の頭文字をとったものです。ベトナムから技術を提供する仲間という意味があります。みなさんに信用してもらえる確かな技術力と、親身になって相談できるよき友人でありたいという想いを胸に、現在も業務を続けています。

◆苦労という壁を乗り越える

ＶＴＭは２００４年以来続けてきていますが、起業後の２００５年にはベトナムのホーチミンにある「e-town」というＩＴパークに子会社も設立しました。このベトナムの拠点で約50人、日本の本社では約10名のスタッフで運営してきました。

ここまでなんとか経営を続けていま

VTMのベトナム支局には優秀な人材が揃っている

すが、毎年苦労が絶えませんが、起業した年はどんな会社もそうですが、最初は大変でした。もともとビジネスのネットワークを持っているわけでもありませんでしたし、外国人でもありますね。ビジネスをする体制だって、整っていたわけでもありません。資金繰りも厳しく、最初の半年は自分の給料を出さずに我慢しました。また、最初の頃に得た仕事でも終わってすぐにお金が入る訳ではありません。納品して、お客様のところで検証してＯＫが出て、請求書を発行して、その翌月ごろに入金される流れですから、作業開始時からすると結構長い間待たないといけません。

それでも生き延びられたのは、学生の頃に知り合った日本の知り合いが支援してくれたからです。彼らから仕事を紹介してもらい、そこで実績を作ることができました。

もちろん、紹介してもらうばかりではなく、自力でネットワークを作る努力もしました。セミナーなどにも積極的に参加して仕事をいただける企業を探したり、知人に営業を頼んだりもしました。そのような活動を繰り返すことで、なんとか仕事も取れるようになりました。

当時はオフショアができる会社はそう多くなかったので、技術も持っていてコストも安いということで日本の企業にも受け入れてもらえるようになってきたのです。自分で言うのもなんですが、弊社の成果物の品質は高いと自負しています。それをお客様にも認めてもらえて、一度発注していただいたお客様とは非常に長いお付き合いができています。

◆日本とベトナム、それぞれの商文化の違い

日本の場合、ビジネスをするのに苦労が多いように感じますね。私の場合は20歳の頃から日本の環境で勉強や仕事をしてきたので、それほど感じませんでしたが、例えば資本を集めるということがこの国では大変です。シリコンバレーだったら、アイデアと実行力があれば出資してくれる人は見つけやすいでしょう。でも、日本の場合はその道のりが長いのです。出資してくれそうな人を見つけても、「ほかの会社が出資したら、うちも入れてあげる」というようなケースや、出資してもらえるまでに、実に多くのことが要求されることが多いですね。

他にも銀行から融資を受けようと思っても、最初は絶対に無理です。3年は続けないと受け付

けてもらえません。私の会社でもそうでしたが、3年経った頃には黒字になっていてもう融資の必要がない。でも知人は実績をつくるために借りたほうがいいと言います。「なんで!? お金が無いから融資して欲しいのに!?」と思いました。日本のこういう仕組みっておかしいですよね（笑）。

ベトナムにしてもビジネスのルールはあります。一例ですが、一定の儲けが出たらちょっとバックしてくれない？ という話は割とよく出てきます。私たちのようなＩＴ業界はあまり無いようですが、他の業種ではそういった面倒な例もあるようです。

また、物価の違いもよく考えないとダメですね。ベトナムは家賃が安いと言いますが、実はそんなに安くない。私の会社のベトナムの拠点は約40万円の家賃を払っています。ＩＴ企業が多い地域のビルの一角ですから、日本から見れば安くみえますが、物価の差が１／10だと考えれば、日本円にした場合毎月４００万円も掛かっていることになります。逆にパソコンなどは日本のほうが安く買えたりしますから、こうした現実は両方の国の差も計算にいれてないとあとで面倒なことになりがちです。

◆「自信」が持てればビジネスは上手くいく

ビジネスを続けていると黒字があって赤字があって、人が増えていったり減ってみたり、どこをとって軌道に乗っているか判断しづらいときがあります。受託請負業務の場合は、取引している顧客企業の担当者の上司によって運命が決まったりします。決裁権を持つ彼らの「来年度は厳

優秀で信頼のおけるメンバーがいればこそ困難に立ち向かっていける

しいから発注を半分にしよう」という言葉ひとつで、売上も変動します。これはもうどうしようもありません。

ですから、何を持って会社が軌道に乗っているかと判断するよりも、どんなタイミングで「自信」が持てるかというところが勝負なのです。そして、それにはさほど時間は必要ありません。私の経験では起業して2年目で勝負どころはわかると思っています。

起業して2年を過ぎて、会社でも自分が持ってきた案件でも失敗がなければ大丈夫です。その頃には自分の仕事に自信が持てているはずです。

オフショアの話ではよく失敗談

があります。一番多いのはコミュニケーションが取れていなかったという例です。この原因はどこにあるのかといえば、それはその仕事を引き受けた方のリーダーにあります。簡単な話、コミュニケーションを取る能力が無いのに仕事を引き受けたから起こる失敗です。日本語をやっている人はいるのか、日本語をサポートできるメンバーは近くにいるのかといったことがわかっていれば避けられるはずです。

また、技術力が足りなかった例もよく耳にします。これは最初から備わってなければいけないのですが、技術を教える核となるキーメンバーがその会社にいるかどうかで変わります。高い技術を伝えられる優秀なメンバーがいなければ、何か難しい局面が出たときにほかのメンバーを助けることなど不可能です。

こうした失敗が1件、そしてもう1件と続けば、その時点で会社全体から「自信」という言葉は失われてしまいます。

幸いなことに、VTMはここまで失敗をしたことはありません。もちろん、仕様変更に伴う納期の延長などのトラブルはありますが、それはお客様のニーズの変化によるものですから失敗とはなりません。似たような業種を経験してみればわかりますが、そういった失敗を誘発しそうな内在的な要因があるかないかは、意外とすぐに見つかるものです。

◇「ヒトモノカネ」を集めないと厳しい

日本で起業するということは、かなりハードルが高いのではないかと考えます。私のように十数年日本で暮らしている外国人でも起業することはかなり厳しかったと実感しています。

よく、「ヒトモノカネ」と日本では言いますが、会社を成立させる3要素のどれもが手に入りにくいです。カネに関しては先ほど言った資金調達の例がまさにそうでしょう。ヒト、すなわち人材に関しても経営者が外国人だと集めづらい雰囲気がいまだにあります。非常に残念なのですが、日本では「外国人は外国人」と捉える方が多いことは否めません。これは私の子供たちの世代でないと変えられないかも知れませんね。その差は、やはり実感してしまいます。

私が日本でビジネスを続けてきて生き残れたのは、日本の大学を出ている人や優秀なエンジニアなど中核となるメンバーが今でも一緒にやってくれているからです。こうしたコアメンバーがいるからこそ、私たちの会社の特長が活かせるのだと確信します。

また、モノすなわち実績や商材にも苦労があります。詳しくは先ほど述べたとおりですが、こうした要素を考えないうちに起業するのは非常に危険だと思います。

◇日本で通用すれば世界を相手にできる

世界的な目線で見てみると、日本とベトナムは現在とてもよい関係にあると思っています。お互いの政治が急変することもなさそうですから、この傾向はまだまだ続くと考えてよさそうです。日本におけるＩＴの人材不足も解消していません。ここ最近は10年前に戻りつつあるような感じがあって、またオフショアが盛り上がりそうな気配があります。ＶＴＭも以前とは違い、今では長く続けてきた甲斐もあってノウハウも実績も豊富です。体制的にも成長していますから、この業種を引っ張っていけるリーダーシップも発揮できます。

貴重な休日は海辺で過ごす。気分転換も大切だ

　この会社の運営ももう私一人では厳しいので、友人の会社をパートナーとして一緒に運営できるようにしていきたいと考えています。ベトナムは未だに若い国で人が溢れています。もともと仕事を欲しがっている国ですからまだまだ利用する

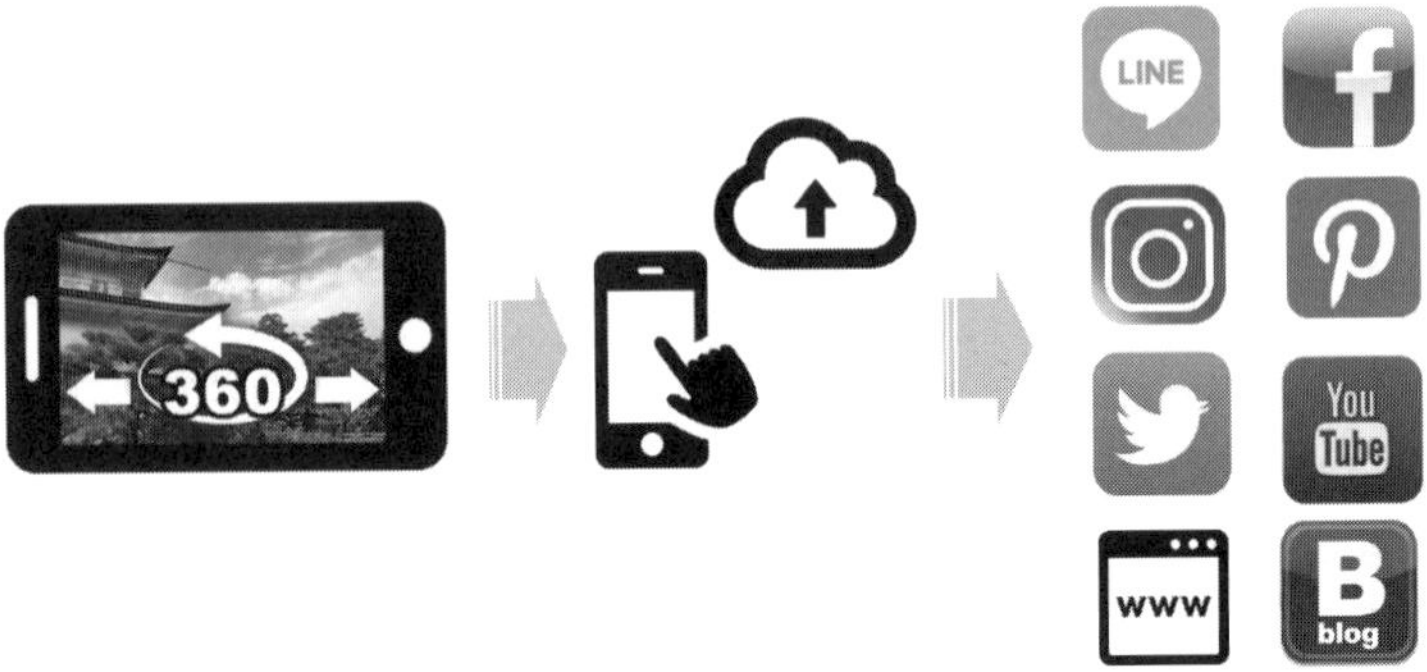

人間の目線と同じ360度VR画像を自分で撮影・編集・配信できるアプリ「ViZO360」。
詳しくはViZOホームページへ http://www.vizo.co.jp

価値は高いでしょう。

そういったことも視野に入れ、私は念願だったモノづくりの会社、ＶｉＺＯ株式会社を２０１７年７月に設立しました。こちらではＶＲ技術を中心にサービスやアプリを提供しています。ＶＴＭはパートナー企業と共に続け、ＶｉＺＯではよい製品・サービスを提供できるようにしたいと考えています。

また、プライベートでは趣味の釣りももっとたくさん行けるようにしたいですね。横浜の本牧海釣り施設なのですが、家からも近くてよく釣れる。休日になると大勢の人で賑わうのですが、その雰囲気が大好きなのです。できれば家族と一緒に行けるといいのですが、最近子供たちは成長してしまい、なかなか付き合ってもらえません（笑）。でも、釣りをしている時間はとてもリラックスできるので、ずっと続けていきたい趣味ですね。

ずいぶんと厳しいことも述べてきましたが、難しい環境の日本で起業して成功することができれば、世界のどこでも通用するでしょう。ＶＴＭやＶｉＺＯのメンバーも海外のどこへ行っても活躍できると思いますし、私自身もその自信があります。確かに日本のビジネス戦線で生き残るにはそれなりの覚悟が必要ですが、ここで起業を考えている人はぜひ万全の準備をして日本と世界へ羽ばたいてください。

株式会社 インドネシア総合研究所

日本とインドネシアの架け橋に
市場調査からトラブル解決まで
ワンストップにサポート

代表取締役社長
アルベルトゥス・プラセティオ・ヘル・ヌグロホ

Profile

国際物理オリンピックのインドネシア代表を経験し、2000年に国費留学生として来日。東京大学にて物理学を専攻、東京外国語大学にて日本課程を専攻。警察大学にてインドネシア語講師を経てJICA、HIDA、JR東日本などの技術通訳・商談通訳を多数経験した。2011年に株式会社インドネシア総合研究所を立ち上げ、代表取締役社長に就任。各種セミナーや企業内グローバル研修、スタートアップイベントの審査員など各方面での講演多数。

会社概要

《社名》株式会社インドネシア総合研究所
《所在地》東京都渋谷区代々木1-21-8 クリスタルハウス5F
《URL》https://www.indonesiasoken.com/
《代表取締役社長》アルベルトゥス・プラセティオ・ヘル・ヌグロホ
《事業内容》・インドネシアの市場調査
・会社設立支援
・コンサルティング
・プロモーション支援
・通訳翻訳

格言

コンサルタントというのはお客様から学ぶことがたくさんあって、いかにお客様と一緒に価値を作ることかと思います。

株式会社インドネシア総合研究所
代表取締役社長　アルベルトゥス・プラセティオ・ヘル・ヌグロホ（アルビー）

◇リーマンショックを機に起業の道へ

私は文部科学省の国費留学生として2000年に来日しました。日本に来てから17年が経ちますが、起業するよりも前に日本人の妻を迎えています。来日してからは大阪外国語大学（現：大阪大学）の日本語学科で一年間ほど勉強し、東京大学や東京外国語大学を経て通訳や技術通訳として働いていました。学生生活が長かったこともあり牛丼が大好きで、10年前から欠かさず大河ドラマを見るくらい日本史にも興味を持っています。

インドネシア語を教えたり企業に留意点を教えたりする生活に満足していましたが、2008年にリーマンショックが発生し、2009年に仕事量がかなり減少しました。その時、時代のあおりを受けて仕事がなくなるなら、もっと自分の力で未来を切り拓くほうがいいのではないかと思ったんです。

当時、私は株式会社インドネシア旅行社で働いていて、そこでの1年間で事業の進め方などを学びました。これまでは講師や通訳といった個人プレーがメインだったわけですが、この経験から会社という法人格を持つことの重要性についても考えるようになりました。その頃、インドネシア投資調整庁（ＢＫＰＭ）の日本支部の支部長から「インドネシアへ投資したり進出したりする際に、相談や投資申請手続きといった支援を行う場所を作ってくれないか」という話をいただき、２０１１年に株式会社インドネシア総合研究所を設立しました。

◆リサーチからマーケティング支援まで幅広くインドネシア事業をサポート

日本国内で実施するセミナーへの反響も大きい

弊社は日本とインドネシアを結ぶビジネス進出支援に特化し、これまでに培ってきた信頼関係による通常では行えないような市場調査や進出サポート・コンサルティング、効果的なプロモーション、通訳翻訳・講師派遣といったサービスで、お客様のインドネシア事業をサポートします。

最初はリサーチを中心としていましたが、インドネシアにはどんなカスタマーがいるのか、どんな商品をいくらで売ればいいのか、業界の構造、どのようなデベロッパーがいるのか、実際にインドネシアのマーケットに入れるのかな

ど、消費者調査だけではなく産業調査もやるようになりました。現在ではインドネシアというエリアに特化し、インフラやFMCG(消費財)など分野を問わずにサポートしています。弊社の株主は設計などに関わっている企業がいくつかあるので、不動産に強いのも特徴ですね。

２０１２年にはフジテレビの「アイアンシェフ」というバラエティ番組で飲食店の進出支援に1年ほど携わり、調査、セミナー、現地のプロモーション、テストマーケティングなどをやりました。その時に現地の繋がりもできましたからもっと飲食店への投資ができるような取り組みをしていこうとインドネシアに飲食の投資斡旋会社を作り、飲食店向けのコンサル業も始めました。最初はリサーチをしてコンサルティングをしてレポートを作って終わりということだったのですが、実際に進めていくと会社を設立してから役所での根回しをして、事業を拡大するためにどんどんプロモーションもしないといけません。ここがなかなか大変なのでパートナーがいないと難しいのです。そこで、弊社で人事・労務問題の代行からプロモーションの支援までワンストップの対応を始めました。

◇苦労を乗り越え、生き生き働ける職場環境を実現

苦労はたくさんありますが、例えば私はビジネスを勉強してきたわけではないし、マネジメントを経験しているわけでもない。一番難しかったのはお金をどう回すか、キャッシュフローのコントロールですね。これは幸い、当時から在籍している会計・経理の担当が優秀だったので助けられました。理屈ではこういうことがあるとわかりましたけど、やはりそれだけでは足りないのです。

今月の売り上げが大変とか赤字だとか身近で言われると、じゃあ何かしなくてはと実感できるのです。もちろん会社ですから人を雇わないといけませんし、周りを信用ベースで固めていくのか、能力ベースで固めていくのかもバランスが難しかったです。起業する会社の8割は1年目で潰れるといわれていますので1年目はとても大変でしたが、弊社の投資家、出資者から色々と助言をいただいて乗り越えられました。

最初は個人事業主としてやっていたので、キャッシュフローは「常にプラスにしないといけない」と考えていました。マイナスでなければ借金はしないということですよね。そういう考え方でいたんですけど、起業してからは日頃から金融機関と付き合わないといけないと実感しました。増資を行うと経営者の方針と違う声が出てくるというようなデメリットもありますし、スタートアップの人からすると資金調達には本当に苦労すると思います。

従業員の給与やノルマについても今のようにできあがっていませんから、いくら売り上げれば

インドネシアの下水処理施設にて

いいのか、どのくらいお客様がいれば大丈夫なのか分からないので試行錯誤しました。経営学を勉強してもなかなか経営の実感は得られないと思います。弊社の出資者は経営者の大先輩でもありますから、実践している先輩から愛があるからこそ厳しい言葉もいただきました。手応えを感じられたのは3年を過ぎたあたりでしたね。

弊社は大企業ではありませんが、社内のスタッフは皆生き生きと楽しくやっています。ここで働く日本人スタッフは皆女性なのですがインドネシアではすでに女性の社会進出が進んでいて、局長や社長にも女性がいます。私は女性の活躍の場を作りたくて、例えば出産後にビデオチャットなどを通じて自宅でも仕事ができるようなサポートを行っています。辞めてしまうとそこでノウハウも途絶えてしまいますし、働くということはお金を得るだけでなく、一緒に価値を作りたい、貢献したいという想いもあると思います。こうした気持ちは男性であろうと女性であろうと差はありません。

◇ビジネススタイルから読み取る日本とインドネシアの違い

簡単に言うと日本は丁寧に、インドネシアはフレンドリーにやらないといけません。丁寧というキーワードは、例えば提案書一つにしても資料化しないといけませんし、色々なパターン化が必要です。インドネシアはとりあえず仲間になりましょうということで、相手の懐に入って可愛がってもらうのが重要というような感じです。

また、時間についても意識の差があります。日本では未来、一年先のスケジュールも立てられますよね。ところがインドネシアはそういう感覚があまりなくて、間近にならないとミーティングができません。それから、よく日本では色々な会社を訪問して情報を収集していきますが、インドネシアでは日本の会社が訪問というと期待するんですよね。インドネシア側はビジネスミーティングのつもり、日本側は情報収集のつもりというミスマッチが起きるわけです。そうした場合、弊社が間に挟まれるということがよくありますね。

プロジェクトの進め方にも違いがあります。現地では専門性が確立しているわけではないケースもあるので、誰が・何を・いつまでにやるのかという部分が明確ではない場合も多いんです。

そうした曖昧な部分を弊社がお客様に代わってマネジメントしていくこともよくあります。よく皆さんは「通訳なんていらない」などと仰いますが、言葉の微妙なニュアンスで意味が変わってしまうので通訳やネゴシエーターがいるだけで後々楽になると思います。

◆〝日本が好き〟という気持ちを胸に、お客様と二人三脚で価値を創造

弊社に在籍する日本人の社員は全員インドネシア語も英語もできますし、インドネシア人も日本語ができます。しかし外国人からすると、言葉の難しさは大きな壁ですね。私は留学をして日本語の勉強のために大学も通いましたが、それでも大変です。私には副社長であり、現在インドネシアに駐在している川田健太郎という心強いパートナーがいて、人事・労務・法務をこなしてくれるスタッフもいました。彼らなしではとてもビジネスを進められなかったでしょう。

きちんと言葉がわかっていれば勉強できますが、インドネシアとは制度も違いますし、例えば「融資の申請は自筆でなくてはいけない」というルールひとつとっても、ハンコを押すだけとか、代行でもいいのではと思ったこともありましたけど、やはり自分で書くということが重要なのだと納得しています。

ほかに、お客様との対応にも言語の壁があると思います。簡単に言えば接待とか、どこまで付き合えばいいのかよく分からない場合もあります。スタッフやお客様ともそうですし、公私をどこで線引きすればいいのか調整は難しいですね。お客様との距離の保ち方は、国よって異なる部

インドネシアの青果市にて

分だと思います。こうした大変な部分を乗り越えてでも日本でビジネスをするなら、日本のことが好きという気持ちが必要だと思います。

振り返ってみると、自分が起業した当時は何か堅苦しい理念みたいなものをつかもうとしていたのだと思います。弊社の名刺に橋のイメージが入っているように「インドネシアと日本の架け橋」というところまでは考えましたが、どんなふうに架け橋になればいいのかとか、具体的にどういうことなのかまでは考えていなかったのです。コンサルタントというのはラテン語の「consultare」からきていて、「con」が一緒に、「sedere」は座るという意味で、日本語にすると二人三脚なのかなと思います。コンサルタントというのはお客様から学ぶことがたくさんあって、いかにお客様と一緒に価値を作るかということだと思います。

◇信頼できるパートナーの存在がビジネス成功の鍵

今インドネシアの人口は2億4000万人で、中間層がどんどん増えてきて、中間の中でも上層の割合が増えきています。そうするとお金の余裕ができて、もっとサービスがほしい、モノがほしいとなるわけです。

しかし今のインドネシアに商品を供給ができているかというと、必ずしもそうではない。もっとインドネシアに日本の消費財やサービスへ進出してほしいというニーズがあります。しかし弊社のお客さんは大手企業が多いため、もっと中小企業にもたくさんインドネシアにたくさん来てほしいですね。こうした部分が、今後弊社が取り組んでいかなくてはいけないところなのかなと思います。

大手や中堅企業ですとリサーチに向けた予算を取っているんですけど、中小企業ではそうした予算がないのです。ただ中小企業でも株などの投資活動されているところはありますから、投資という形で着手してみると良いのではと思います。成功すれば見返りもありますから、失敗しても勉強になります。こうしたお客様のシフティングを狙っていこうと思います。

日本人の方が海外で起業するにしても、外国人が日本でビジネスをするにしても、まずは信頼

ジャカルタ資産管理公社の代表と現地スタッフとの打合せ

できるパートナーを見つけることです。外国では自分の国と常識が全く違いますし、言語も難しい、制度も難しい、マネジメントも難しい、色々なことが違います。お客様に安心して仕事を任せていただくためには、常識のあるパートナーや部下が必要ですね。最初にやらないといけないのはそこだと思います。

いくら報告書を読んで日本人から情報を聞いたとしても、パートナーの質によってビジネスの成功が左右されると思います。インドネシアはフレンドリーというお話しをしましたが、フレンドリーさはそのまま人間関係と同じです。言い方が悪いかもしれませんが、ビジネスだからと簡単に割り切ってしまうこともありえるのです。本社がどう思っていても仲間のために戦う、日本人にはそういう姿勢があまりみられないんです。本社がそう言っているからごめんねというようなことがよく起きています。仲間、パートナーを探す際、その人とずっと一緒にやっていくぐらいの覚悟を持ってほしいですね。

ベトナムMH投資進出株式会社

人材派遣で日越を結び、両国に「笑顔」を届けるためのビジネスを展開

ベトナムMH投資進出株式会社 代表
ダオ・クアン・ミン

ベトナムMH投資進出株式会社 代表
1983年8月20日に生まれる。学生時代をハノイ工科大学、ハノイ貿易大学で過ごし、2006年に日本就職を経験。卒業後2013年に起業を決意。翌2014年3月にはMHベトナム投資進出株式会社を設立し、ビジネス活動を開始する。現在はミンタイングループを結成。業種に応じた子会社を複数設立し、複雑化する市場ニーズに応えるだけでなく、日越文化交流、子供支援などの社会貢献活動も実施している。

Profile

会社概要

《社名》ベトナムMH投資進出株式会社

《所在地》Hanoi市Thanh Xuan区Khuong Trung坊Hoang Van Thai通り2/7号ビル第8

《URL》http://www.mh-hr.com.vn

《代表》ダオ・クアン・ミン氏

《事業内容》・優秀な人材の確保・育成・教育
・日本向けの人材提供
・ヘッドハンティング事業

格言

何のために苦労して仕事をするかといえば、すべては人に喜んでもらうためなのです。そうした精神も含めて教育していかないと、本当によい人材は作れないのだと実感しました。

ベトナムMH投資進出株式会社　代表　ダオ・クアン・ミン

◆父親の影響で日本に興味を抱く

現在、私が経営する企業では日本向けのサービスを提供していますが、そもそも私は子供の頃から日本が好きで、日本に大きな興味を持って育ちました。それというのも、私の父親が日本に敬意を持っているところがあったからです。

物心ついた頃から父親は日本のモノづくりに触れていたようで、事あるごとに「日本はモノづくりをきちんとやっている」と私に言っていたのを思い出します。父親が日本を尊敬していたこともあって、その影響を強く受けた私は同じように日本に対して尊敬の念を抱くようになりました。

やがてハノイ工科大学へ進学することになりましたが、そこではトヨタ自動車のモノづくりを学ぶためのコースがあったので、迷わずそこを選択しました。大学の中でも優秀な生徒を200人ほど集めて、1カ月に1回程度のペースでカリキュラムを組み、約1年掛かりで日本のモノづくりを学べるので大変楽しみでした。

いざ、その講習が始まってみてから分かったのですが、日本語の翻訳で講義が進むので「何かが違うかも」と感じていました。日本、アメリカ、ヨーロッパからも、いわゆるCEOが来て講義をしていくこともありましたが、これも翻訳されたものなので何かを聞き逃している感じがどうしてもしていたのです。

「これは日本語を学ばないと、正しい感覚はわからないな」と感じた私は、大学4年生のときに日本語学校の門も叩きました。それから約2年をかけて日本語をしっかりと学び、日本人とコミュニケーションがとれるようにまでなることができました。当時は、これで日本人の気持ちがわかると思いましたね。

◆日本企業での実習経験で起業を決意

ハノイ工科大学では日本へ行って約1年半の実習を受けるという経験もしました。日本の株式会社静岡制御という会社へ入って実習をしていたのですが、同じように実習生として中国人も仲間として加わっていました。彼はとても優秀でよくできた人物だったので、一生懸命、その会社のために働いていました。それを見て私は大変すばらしいことだと実感し、自国であるベトナムの若者や自国の状況を想い、彼と比較して悩む日々が始まりました。

彼と一緒に働きながら色々と悩んだ末にたどり着いた結論は、「自分で会社を作って良い人材を作ろう」ということだったのです。この結論に至った私はベトナムへ帰国後、会社を設立しました。それが今のMHベトナム投資進出株式会社（以降、MH－HR）です。

MH－HRは、2014年3月に設立し、日本企業に対する人材の送り出しをメインに業務を開始しました。

人材を輩出することを業務にしたのですが、最初は苦労の連続でした。仕事を教えるにも一つひとつの作業についてやらないといけないので大変です。そして実際に体験させて失敗を繰り返して、やさしく教えたり、時には怒ったり、対応の仕方も工夫していかないといけませんでした。また、私が実習生の時に感じていたのは、お客様に満足してもらったときの喜びです。何のために苦労して仕事をするかといえば、すべては人に喜んでもらうためなのです。自分の会社のためにも、お客様には喜んでもらわないといけません。そうした精神も含めて教育していかないと、本当によい人材は作れないのだと実感しました。

そのような経験や顧客満足に繋げるために、MH－HRでは輩出する人材のすべてが大学や専門学校を卒業した優秀な若者をベースにしています。また、健康状態や日本語レベルも重要視する部分です。さらに専門訓練や、日本文化の教育、コミュニケーション教育などを実施し、マナーや違法行為をしないように徹底的な指導もしています。

また、日本へ着いてからもトラブルが無いように、日本にも支局を設けてあり、早急な対応ができる体制を整えています。実習生たちが帰国してからは全面的に就職支援まで行っていますから、みんなベトナム人でありながら、日本の仕事にも十分対応できるスキルを持った人材として、社会へ出ていくことが可能なのです。

こうした教育やコンサルティングを行ってから人材を送り出すのは、お客様に喜んでほしいからです。実習生が期待通りに活躍することで、彼らも含めてお客様も笑顔になれるのが一番ですからね。

日本へ送り出す実習生の教育もしっかり行っている

◆起業から4年で2700名の人材を輩出

ＭＨ―ＨＲが起業してから、４年間で約２７００名の人材を日本へ送ってきました。もちろん、そのままその会社へ就職した人も居れば、帰国後に経験を活かしてベトナムの企業へ行った人もいます。現在では、日本の建設業、水産加工業、食品関連業などを中心に、エンジニアリングの分野ですと、大手自動車メーカーの関連企業などにも人材を提供しています。

また、近年では、ＩＴへのニーズが盛り返しているので、こちらの業種への人材提供も始まっています。後述しますが、ＩＴ部門は専用の子会社を作ってそこで運営しています。

これはＩＴの分野だけの話ではないのですが、お客様との対応には気を使いますね。日本のお客様は連絡の返事がないと不安になられるので、３６５日の対応ができるような体制を作っています。それにＩＴでは人材を日本へ派遣するタイプと、ベトナムのラボへ発注していただく方法があります。

コストメリットが欲しいお客様には、ベトナムのラボを活用してもらうことをオススメしています。いわゆるオフショアのような形になりますから、慣れているお客様はこちらがいいですね。プロジェクト単位で任せていただけるなら、トータルコストを大きく削減できます。

ここ最近では日本の建設業と、いまご説明したＩＴ業界が特に力強いです。北海道から九州まで日本中からオファーがあり、たくさんのお客様にご利用いただいています。

みなさんにご活用いただいているおかげもあって、会社は成長しています。２０１６年以降、

スタッフも一丸となってビジネスに向き合っている

会社の形式もずいぶんと変えてきました。現在ではミンタイングループというグループ企業という形にして、建設業界向けの子会社、IT業界向けの子会社といった形でそれぞれの分野に特化した法人を構え、より専門色の強いサービスが提供できるように体制を整えました。グループ全体では、主に技能実習生、高度人材紹介、IT事業、建設建築事業、旅行事業、安全教育事業、貿易事業、コンサルティング事業を行っています。

全部で20社ぐらいの子会社に分け、総社員数も約300名になりました。ベトナムと日本の架け橋になろうと努力し、お客様に対して「信頼」を、商品とサービスは「質」を守ることをモットーにしています。また、私も含めた幹部クラス、社員も日々成長するよう心掛け、「人材」としての能力もビジネスモデルも管理体制も積極的に改善しています。グループ企業としての年間計画を立て、各子会社はそれを達成できるよう経営計画を練って、子会社でもグループでもPDCAを回して活動しています。それぞれに社長や社員がいますが、みんなで一緒に働く仲間という感覚で頑張っています。

◆営業スタイルとニーズを読み取る力

日本企業のお客様を相手にした場合、色々な部分で難しい面があるのですが、特に感じるのは二つの絶対に把握しておきたいコツがあるということです。一つは業界によってそれぞれに好まれる営業スタイルがあることですね。ITと建設という二つの業界で、同じ営業のやり方は通用しません。やはり、その業界に合わせたやり方があるので、そこを把握しないと話が先に進まないこともあります。営業スタイルのノウハウを得るまでは大変でしたね。

もう一つは、お客様のニーズを掴むことです。お客様が希望していることは何なのか、しっかり聞き出せないと、その仕事は失敗する可能性が高くなります。これをうまく聞くにはコミュニケーションがうまくとれていないといけませんし、信用されていなければ伝わり難いものです。それぞれの業界に合った営業スタイルと、お客様のニーズをしっかり聞き出す力。この二つを把握するまでは、日本企業を相手にしたビジネスは困難を極めるでしょう。

先ほども説明したとおり、近年はグループ企業として活動しているので、こうしたビジネス上のルールを規則にして徹底させています。共通のビジョンとしてどういう人間性であるべきか、お客様に対する考え方はどうなっているか、そういう根本の部分は統一しておかないといけません。

実は私個人は、営業が一番面白いと感じますし、好きですね。ビジネスはただ待っているだけではだめですし、自分で動いてこそ仕事が得られるのだと思っています。とはいえ、特別な営業スタイルを持っているかというとそんなことはなく、日本企業に遠慮なく電話を掛けて、アポイントを貰い、担当の方と合って「一緒に仕事をしませんか?」と話すだけです。もちろん、断られることもありますし、嫌われてしまうかも知れません。でも、私と一緒に仕事をさせてもらえれば、お客様にメリットがあることが伝わってくれればそれはお互いにとって良いことだと信じています。

嫌がられているかも知れませんが、時には一度断られた相手にも、もう一度電話してアポイントをお願いすることもあります。でも、そこでタイミングが良いといきなり話が進んだりすることもあるから不思議です。こういうのを日本では「縁」といいますよね。ビジネスとは、ご縁から始まるのかもしれません。

◆ベトナム人の流儀を日本の流儀に合わせるには

日本企業を相手にするのと同様、ベトナムのビジネスにも特長があると思っています。細かい部分ではたくさんあるのですが、特長的な例を挙げるとすれば時間の守り方ですかね。

ベトナム人は時間を守らないことが普通です。守らないといってもすっぽかすわけではなく、午前10時に集合といったら、10分や15分は平気で遅れてくるのです。日本人は同じように午前10時に約束すれば、約束した時間ぴったりか、10分前に自然と集まります。

個人的な約束なら別に良いのですが、日本企業との取引の際にベトナム人がこれをやったらものすごく嫌われます。ベトナム人は時間を気にしない。日本人は時間を気にしすぎる。単純な違いですが、ビジネスの現場では致命的な結果になりかねないほどの大問題になる可能性だってあるのです。

そこで私がいつもやっているのは、約束の時間が午前10時であれば、ベトナム人には午前9時30分に集合と伝え、日本人には午前10時集合と伝えます。これで10分前行動の日本人と、15分遅刻するベトナム人が本来約束した時間の少し前に集まれるのです。

これを実践するようになってからは、日本企業の方に嫌われるようなことはなくなりました。文化の違いですが、ちょっとしたマネジメントのコツをつかめば問題は解決できるものなのです。

◆お客様の「ありがとう」のために

２０１７年まで、私はＭＨ―ＨＲの会社としての基礎を育ててきました。これからはさらに優秀な人材を育て、会社の発展のために役立ってもらえるようにしたいですね。今後はグループ企

業全体で大きな売り上げを目指していきたいので、特に成長し続けている建設業界とＩＴ業界向けのサービスは徹底したいと考えています。私自身は経営者として人を引っ張るというスタイルではなく、自分が先へ進んでいって後から来る人を助けるぐらいの気持ちでいます。ですから、大好きな営業もこれからも続けていくつもりです。

　また、プライベートでは最近忙しくて休みがないのですが、時間があれば子供たちと一緒に遊ぶようにしています。また、読書も好きなのでよく本も読んでいます。読書をしていると創造力が強くなって、リラックスした中でアイデアがどんどん出てくるので大

ビジネスに関わるすべての人に笑顔を届けるために尽力する
MH－HRとミンタイングループ

好きです。経営者としてアイデア、いわゆる発想力がないと続けられないので、この趣味はこれからも続けていきたいですね。

最後に、日本を相手にビジネスをしたいと考えている外国人の方にアドバイスを送るとすれば、最後まであきらめずに、お客様に満足されるサービスを目指して欲しいということですね。私自身もそうなのですが、お客様に「ありがとう」と言ってもらえるのが一番うれしいのです。みなさんも、多くのかたに感謝してもらえるようなサービスが提供できるように、頑張ってください。

〈監修〉
近藤 昇（こんどう・のぼる）

1962年徳島県生まれ。株式会社ブレインワークス代表取締役。神戸大学工学部建築学科卒業。一級建築士、特種情報処理技術者の資格を有する。中小企業の経営のお助けマンを軸に、企業、官公庁自治体などの組織活動の支援を手掛ける。一方、アジアビジネスにも挑戦し、今はベトナムを中心として東南アジアビジネスに精通する。特に、新興国における事業創造、ビジネスイノベーション支援の実績は多数。現在、アフリカ、インドにおけるビジネス活動に取り組んでいる。日本の強みである信用ビジネスにフォーカスすることをモットーに、日本の地方と新興国の地方を繋ぐために日々活動している。

〈編著〉
ブレインワークス

創業以来、中小企業を中心とした経営支援を手がけ、ICT活用支援、セキュリティ対策支援、業務改善支援、新興国進出支援、ブランディング支援など多様なサービスを提供する。ICT活用支援、セキュリティ対策支援などのセミナー開催も多数。とくに企業の変化適応型組織への変革を促す改善提案、社内教育に力を注いでいる。また、活動拠点のあるベトナムにおいては建設分野、農業分野、ICT分野などの事業を推進し、現地大手企業へのコンサルティングサービスも手がける。2016年からはアジアのみならず、アフリカにおけるビジネス情報発信事業をスタート。アフリカ・ルワンダ共和国にも新たな拠点を設立している。
http://www.bwg.co.jp/

新興国の起業家と共に日本を変革する！

2018年3月26日〔初版第1刷発行〕

編　著　　ブレインワークス
監　修　　近藤　昇
発行人　　佐々木紀行
発行所　　カナリアコミュニケーションズ
〒141-0031　東京都品川区西五反田6-2-7
ウエストサイド五反田ビル3F
TEL　03-5436-9701　FAX　03-3491-9699
http://www.canaria-book.com
印刷所　　本郷印刷株式会社
編集協力　中山　一弘（エースラッシュ）
装丁/DTP　新藤　昇

ISBN978-4-7782-0417-4　C0034

カナリアコミュニケーションズの書籍のご案内

2013年1月10日発刊
1400円（税別）
ISBN978-4-7782-0238-5

アジア人材活用のススメ

株式会社ブレインワークス
近藤　昇　著

いまや中小企業も生き残りのためにはアジアへ目を向けざるを得ない。その現状に気付いている経営者もいるが、実際アジアビジネスを手がけると上手くいかず苦戦を強いられている。

なぜなのか？

現地人材を育て、活用することこそが、アジアビジネス成功には必須条件となる。

そのポイントを余すとこなくお伝えします。

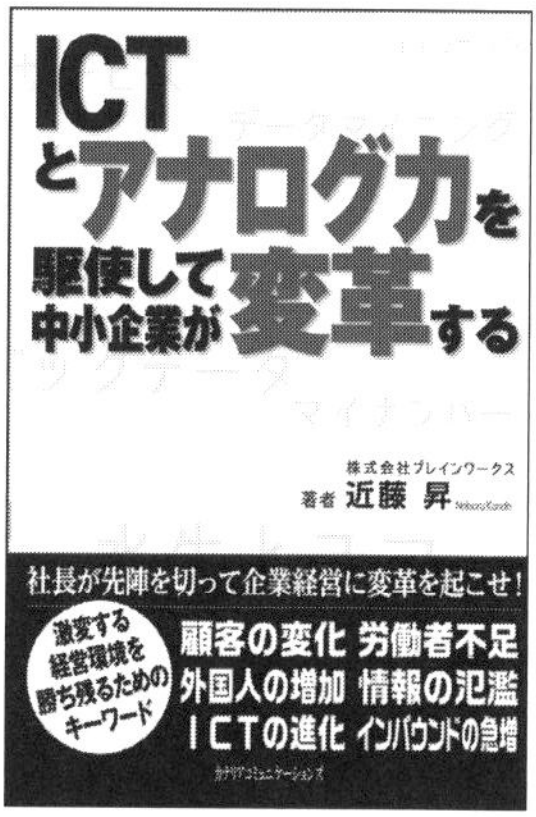

2015年9月30日発刊
1400円（税別）
ISBN978-4-7782-0313-9

ICTとアナログ力を駆使して中小企業が変革する

近藤 昇　著

これからの日本企業生き残りのポイントは
「アジア人材」をいかに活用するかなのだ。
現地人材を育て、活用することこそが、
アジアビジネス成功には必須条件となる。
そのポイントを余すとこなくお伝えします。
これからの日本企業生き残りの鍵はアジア人材をいかに活用するかだ!　アジア人材活用で成功している企業レポートも掲載。

カナリアコミュニケーションズの書籍のご案内

だから中小企業の アジアビジネスは失敗する

近藤　昇 著

日本全国の中小企業は今後のビジネス展開において、アジア進出が欠かせない経営戦略となる中、多くの企業が進出に失敗してしまっているのが事実である。

そんな中、自身も１４年前からベトナムに進出をし、アジアビジネスを知り尽くした近藤昇より、アジアビジネスの本質から、リスクマネジメントの方法まで、具体的なノウハウを伝授いたします。

2013年2月14日発刊
1400円（税別）
ISBN978-4-7782-0242-2

地球と共生する ビジネスの先駆者たち

ブレインワークス　編著

地球温暖化などで地球は傷つき、悲鳴をあげている。

そしていま地球は環境、食糧、エネルギーなど様々な問題を抱え、ビジネスの世界でも待ったなしの取り組みが求められる。

そんな地球と対話し共生の道を選んだ10人のビジネスストーリー。

その10人の思考と行動力が地球を守り未来を拓く。

2017年9月20日発刊
1300円（税別）
ISBN978-4-7782-0406-8